성인전

Story of the Holy Saints

미술관에서 삶의 길을 찾다

Story of the Holy Saints

윤인복 지음

명화 속의 거룩한 성인 이야기

_ 미술관에서 삶의 길을 찾다

가톨릭교회의 역사에서 성인들은 단순한 과거의 인물이 아니라, 각 시대 안에서 복음이 살아 움직였음을 보여주는 "살아 있는 증거자들"이다. 성인들은 복음을 실제 삶에서 어떻게 살아왔는지를 보여주는 구체적이고 모범적인 모델이 된다.

교회는 그리스도의 빛을 온몸으로 받아들인 사람을 '거룩하다'라고 부른다. 그러나 이러한 결과는 마치 금이 불 속에서 찌꺼기를 떼어내듯, 고통스러운 과정을 겪고 나서야 발생한다, 성인의 삶도 고통과 갈등, 기도와 희생의 시간을 통과하며 정화된다. '성인들이 거룩하다'라는 것은 오롯하게 하느님을 향해 자신을 열고, 그분과 연결해 자신을 내어 맡긴 결과인 것이다.

시데리우스 에라스무스는 『콜로키움』에서 "Sanctissime luit divos quisquis imitatus est상크티시메 루이트 디보스 크비스크비스 이미타투스 에스트" 즉, '성인들을 공경하는 가장 좋은 방법은 그들을 본받는 것'이라고 했다. 바로 이 한 문장이 『미술관에서 삶의 길을 찾다, 성인전』이 품고 있는 방향을 가장 간결하게 드러내고 있다. 성인 공경은 그리스도교 초기부터 있었던 순교자 공경에서 시작됐다. 초대교회 신자들은 복음을 증거하다가 자신의 목숨을 내놓았던 순교자들이야말로 진정한 그리스도인이고 성인들이라고 믿었다. 그러기에 그리스도인들은 고통스러운 박해 시기에도 성인들을 공경하고 본받으려 노력하고 하느님께 그들의 전구를 빌었다. 그러기에 성인들을 공경하는 이유는 각기 다른 시대와 환경 속에서 복음적 삶을 살아낸 성인들이 하느님의 은총에 충실히 응답한 모범적인 신앙인이기 때문이다. 또한 하느님 안에서 천상에 있는 성인들이 우리를 위해 전구한다고 믿는 까닭이다.

예수님께서는 필립보에게 "나를 본 사람은 곧 아버지를 뵌 것이다."요한 14. 9라고 말씀하셨다. 보이지 않는 하느님의 모상인 그리스도를 중심으로, 그리스도교 예술은 시작되었고, 그리스도와 순교자들, 사도들의 모습이 그려졌고, 오랜 신학적 성찰과 망설임 끝에 하느님 아버지를 묘사한 그림도 나타났다. 그렇게 교회는 신앙의 모습을 말과 글을 넘어 이미지를 통해 전해왔다.

제7차 세계 공의회인 제2차 니케아 공의회 문헌에는 "그분들^{그리스도, 마리아, 천사, 성인들} 성상을 통하여 자주 관상하면 할수록, 바라보는 이들이 그분의 원래 모습에 대한 기억과 그리움을 더 많이 가지게 된다. 또한 그러한 그림들을 향한 사랑과 공경을 표하게 된다."

이미지는 단순한 형상이 아니라, 그것은 기억을 불러일으키고, 잠재한 그리움을 자극하고, 결국 사랑과 공경으로 이끄는 창窓이 된다. 한 성화 화가는 자신이 그린 성인이 그림으로 스스로 들어가, 그림이 실제가 되는 꿈을 꾸었다고 한다. 그림은 단지 그 그림이 묘사하는 대상을 가리키는 것만이 아니라 묘사한 대상의 일부가 된 것이다. 그러기에 성인을 그린 그림이 단순한 재현을 넘어 은총을 위한 그림이 될 수 있다. 이 꿈은 우리에게 묻는다. 우리는 그림을 단지 바라보고 있는가, 아니면 그 안으로 들어가고 있는가? 성화를 바라본다는 것은 색채와 형태를 감상하는 미적 행위를 넘어, 눈에 보이지 않는 하느님 나라를 향해 마음을 여는 영적 행위가 될 수도 있는 것이다.

화가들은 성인들의 역사적 사실을 재현하는 데 그치지 않고, 그들의 내면에서 타오르던 은총과 믿음, 그리고 그들의 응답을 묘사한다. 예컨대, 조토의 〈성 베드로와 바오로의 순교〉에서 예수님처럼 죽고자 하지 않고 머리를 아래로 하고 십자가에 매달리게 해달라고 간청한 베드로의 굳은 의지를 곧은 신체 표현으로 드러낸다. 리포 멤미가 그린 〈성 토마스 데 아퀴노〉는 그리스도의 말씀이 담긴 책을 펼쳐 들어 진리를 탐구하는 냉철한 지성을 보여준다. 다비트 테니르스의 〈안토니오 성인〉은 동굴 속에서 세상과 단절된 듯하면서도, 믿음과 굳은 의지와 기도로 무장한 모습을 드러낸다. 또한 그림 속에는 성인의 개성이나 기질 등을 담고 있다. 사도 요한의 비수 같은 날카로움, 아우구스티노의 지성적 광휘, 도미니코의 생동적인 미소, 프란치스코의 섬세한 감수성, 아녜스의 순수한 눈빛, 바르바라의 귀족적인 우아함 등 각 성인의 특성이 드러나고 있다. 하지만, 성인들에게는 동일한 빛이 반사된다. 은총의 선물, 하느님의 빛!

그리스도교를 박해하던 사울이 다마스쿠스로 가는 길에 극적으로 회심하여, 박해자에서 이방인의 사도로 삶이 전환된다. 인생의 전환점은 사울처럼 반드시 사람을 압도하고 눈을 멀게 하는 극적인 계시와 함께 일어나는 것은 아닐 수도 있다. 일상에서, 심지어는 '고요하고 작은 음성' 속에서도 일어날 수 있을 것이다. 그림을 읽는 눈이 '빛의 기도'로 전환되고, 하느님의 '충만한 은총'으로 이어져, 명화 속 성인들과 함께 우리 자신도 '거룩한 행위'를 할 수 있을 것이다.

2025년 12월 로마에서
윤인복 소화데레사

CONTENTS

004   시작하며

순교와 증거

014   베드로·바오로
교회의 두 기둥이 된 사도들

022   안드레아
예수님께 첫 번째 부르심을 받은 사도

032   대 야고보·사도 요한
예수님께 사랑받은 두 형제 사도

040   마태오
첫 번째 복음서의 저자

050   토마스
의심에서 확신으로 이끈 사도

058   마르코
초기 교회의 선교자이며 복음의 증거자

066   루카
화가의 수호성인이며 자비의 복음을 전한 복음사가

074   요한 세례자
주님의 길을 준비한 광야의 예언자

084   베로니카
예수님의 '참 얼굴'을 전한 여인

기도와 묵상

094   이집트의 안토니오 · 파도바의 안토니오
      사막의 기도자와 사랑의 설교자

104   모니카 · 아우구스티노
      기도와 회심의 여정을 이끈 어머니와 아들

112   베네딕토 · 스콜라스티카
      거룩한 대화와 기도로 이어진 남매

120   도미니코
      묵주기도의 전파자

126   아시시의 프란치스코 · 클라라
      가난을 사랑하고 십자가를 따른 두 거룩한 벗

136   토마스 데 아퀴노
      신학과 이성을 조화시켜 거룩한 학문을 세운 스승

142   이냐시오 데 로욜라 · 아빌라의 데레사 · 십자가의 성 요한
      근대 가톨릭 영성의 횃불이며 수도회의 개혁자들

신비와 은총

154   요아킴·안나
성가정의 씨앗을 심은 부부

162   성모 마리아
하느님의 어머니, 동정녀 성모 마리아

172   요셉
하느님의 의로운 사람

180   즈카르야·엘리사벳
하느님의 약속을 품은 부부

190   라자로·마르타·마리아
주님을 기다린 형제와 자매들

200   가브리엘·미카엘·라파엘
하느님의 구원 계획을 전하고 지키며 치유하는 대천사들

회개와 봉헌

210   아가타·루치아·아녜스
그리스도께 봉헌된 삶을 선택한 동정 순교자들

220   우르술라·바르바라·체칠리아
신앙의 아름다움을 순교의 빛으로 비춘 여인들

230   세바스티아노·에우스타키오·플로리아노
믿음으로 무장된 로마 제국의 군인들

240   파우스티노·요비타, 고스마·다미아노
순교의 용기와 복음적 봉사를 실천한 형제들

250   알렉산드리아의 카타리나·시에나의 카타리나
그리스도께 신비의 빛과 반지를 받은 영적 신부들

260   마리아 막달레나·이집트의 마리아·마르가리타
참회와 회개로 하느님 사랑을 증언한 여인들

272   라우렌시오·이보·프란치스카
가난한 사람들의 벗이 된 수호자들

순교와 증거

· · · · · · · · · · · ·

베드로 · 바오로

안드레아

대 야고보 · 사도 요한

마태오

토마스

마르코

루카

요한 세례자

베로니카

교회의 두 기둥이 된 사도들

교회의 두 기둥인 성 베드로[1세기경]와 성 바오로[1세기경]는 예수님을 위해 타오르는 '두 등불'로 초대교회의 지도자이며 순교자로서 교회의 초석이 된다. 베드로는 예수님 생전에 선택된 열두 제자 중의 수제자로서 유대인들을 대상으로 복음을 전했다. 반면, 바오로는 예수님이 부활한 후에 선택된 인물로서 이방인들을 대상으로 복음을 전했다.

대조적인 베드로와 바오로이지만 두 사도의 공통점은 서로 도와 그리스도의 교회를 건설하겠다는 한마음을 가졌고, 하느님께 자신들의 목숨을 마지막까지 제물로 봉헌했다. 하느님께서는 베드로와 바오로를 선택하여 교회의 초석이 되게 하셨으며 복음의 전도사로 삼으셨다.

베드로와 바오로 이야기는 많은 예술가에게 영감을 주어 다양한 도상으로 그려졌다. 많은 도상 가운데 두 성인의 순교 장면은 한마음으로 교회의 일치를 위해 같은 날 목숨을 바쳤으나, 순교의 형태가 다르기에 예술가들에게는 흥미로운 부분이었을지 모른다.

▶ 조토와 그의 협력자들, **스테파네스키 제단화(성 베드로와 성 바오로의 순교_부분)**,
1320년경, 목판에 템페라, 바티칸 회화관, 로마

성 베드로와 성 바오로의 순교

이탈리아 후기 고딕 회화의 거장으로 르네상스를 선도한 조토 디 본도네[1266/76-1337]는 추기경 스테파네스키의 주문으로 세 폭 제단화를 제작한다. 제단화는 처음에 바티칸의 옛 성 베드로 성당의 제단화로 사용되다가 현재는 바티칸 박물관 내 회화관에 소장 중이다. 제단화 앞면 중앙 패널에는 옥좌에 앉은 예수님이, 양쪽 패널에는 각각 베드로와 바오로의 순교 장면이 묘사돼 있다.

중앙 패널에는 금빛을 배경으로 옥좌에 앉은 예수님이 있고, 그 주위에는 천사들이 둘러서서 경배하고 있다. 예수 그리스도의 발아래 왼쪽에는 그림의 주문자인 추기경 스테파네스키가 무릎을 꿇고 손을

합장하고 있다. 예수님이 앉은 옥좌는 흡사 지붕과 벽을 가진 작은 감실 또는 닫집을 연상시킨다. 양옆에 늘어선 천사들은 중앙의 예수님과 분리된 공간을 갖게 되어 확실한 3차원적 공간감을 나타낸다. 이러한 구획 분리로 중앙의 예수님을 향하는 천사들의 시선은 모두 예수님을 향하며 경배하고 있는 것이 매우 제의적祭儀的이며, 이들은 하늘과 땅을 연결하는 역할을 한다. 옥좌의 첨두형 위에는 성부 하느님이 지상을 내려 보고 계신다.

　　왼쪽과 오른쪽 패널은 두 사도 베드로와 바오로의 순교 장면으로, 기록에 따르면 베드로는 십자가에 처형되었고 바오로는 참수되었다고 한다. 두 사도가 다른 유형의 사형선고를 받은 이유는 아무리 큰 죄를 범했다 할지라도 로마 시민은 십자가형을 받을 수 없었기 때문이다. 따라서 바오로는 로마 시민이기에 참수를 당했고, 베드로는 외국인이기에 십자가형을 받았다.

　　왼쪽 패널은 네로 황제의 그리스도교 박해로 인해 베드로 사도가 십자가에 거꾸로 매달려 순교하는 모습이다. 베드로의 도상은 전통적으로 십자가에 거꾸로 매달린 모습으로, 그는 예수님처럼 죽고자 하지 않고 머리를 아래로 하고 십자가에 매달리게 해달라고 간청했다고 한다. 베드로는 "내 어린 양들을 돌보아

라."요한 21. 15라는 예수님의 위탁을 받고 교회의 양떼를 맡고, 하느님의 영광을 위해 순교자로 생을 마친 것이다. 십자가 아래는 군사들과 슬퍼하는 사람들이 모여 있고, 그 위로는 천사들에 의해 하늘로 오르는 날개 달린 베드로의 모습이 보인다.

오른쪽 패널은 바오로 사도의 순교 장면이다. 유대인이자 로마 시민권을 가졌던 바오로는 십자가에 매달린 것이 아니라, 긴 검으로 참수형을 당한다. 이런 이유로 긴 검은 바오로 사도의 상징물이 된다. 두 개의 작은 언덕을 배경으로 왼쪽에 머리가 잘려 나간 바오로의 참수 장면이 나타나고 그 주변으로 병사와 슬퍼하고 있는 사람들이 밀집돼 있다. 바오로는 예수 그리스도가 전부였다. 그가 "이제는 내가 사는 것이 아니라 그리스도께서 내 안에 사시는 것입니다."갈라 2. 20라고 한 말대로 예수님을 위해 생명을 바치고 영광스러운 순교자로서 천상의 공간에 머물게 된다. 베드로와 마찬가지로 천사들이 날개 달린 바오로를 하늘로 인도하고 있다.

왼쪽 언덕에는 로마에서 공경받는 성녀 플라우틸라가 하늘을 향해 서 있다. 전하는 이야기에 따르면, 그녀는 베드로에게 세례를 받았고, 바오로의 순교 당시 그 자리에 있었다고 한다. 그녀는 바오로가 하늘에 오를 때 떨어진 수건을 받으려 한다. 이는 그녀도 바오로처럼 예수님을 위한 삶을 따르겠다는 것을 뜻한다.

작가미상, 사도 베드로와 바오로의 포옹, 12세기, 모자이크, 몬레알레 대성당, 시칠리아

화합을 위한 포옹

오래된 전승에 따르면, 베드로와 바오로는 순교를 당하기 전에 로마의 성 바오로 대성전에서 얼마 떨어지지 않은 곳에서 서로를 축복하면서 포옹했다고 전해진다. 〈사도 베드로와 바오로의 포옹〉 장면은 12세기에 시칠리아의 팔레르모 주에 있는 몬레알레 대성당에는 예수님의 기적과 생애, 베드로와 바오로의 생애를 주제로 담은 모자이크 장식에서 찾아볼 수 있다.

베드로와 바오로의 도상은 모자이크 작품에서도 보이는 것처럼 1세기 이후부터 커다란 변화 없이 지속되어 왔다. 베드로는 대개 짧은 흰 고수머리에 짧은 흰 수염을 지니고 얼굴에는 주름이 많은 사람으로 묘사된다. 반면 바오로는 가문이 좋고 고급 학문을 배운 상류층 학자 출신답게 귀족적인 용모에 적은 머리숱과 길고 검은 수염을 기른 사람으로 묘사된다.

모자이크 바탕에는 "여기, 바오로는 로마에 도착하고 베드로와 평화의 인사를 나눈다"라는 글이 쓰여 있다. 예수님의 사도들 가운데 대표적인 두 인물인 베드로와 바오로가 순교하기 전 최후의 만남이 이루어지고 있다. 그들 각각의 후광 위에는 '성 베드로'와 '성 바오로'의 이름이 새겨져 있다. 비잔틴 미술에서 이름을 표기하는 것은 묘사된 인물들에게 신성을 부여하는 것이다. 그림에서 바오로^{왼쪽}와 베드로^{오른쪽}가 포옹하고 있는 동작은 매우 강한 인상을 전한다. 둘은 부둥켜안고 마치 날아가는 것 같지만 그들의 다리는 거의 뛰는듯하다. 두 사도의 얼굴은 초기 그리스도인들이 평화를 빌며 인사를 나누던 방법으로 서로 볼을 맞대고 있다. 베드로와 바오로가 부둥켜안은 팔과 어깨의 모양은 하나의 심장 형태를 이룬다. 두 사도의 마음이 하나로 일치되는 순간으로, "그분의 이름으로" "마음을 모아" 하느님을 찬미하는 친교의 공동체가 형성되고 있다. 강렬한 포옹은 그리스도인 공동체의 일치와 화합, 상호 사랑의 표현이다.

성 베드로와 성 바오로의 일치와 화합의 포옹은 하느님과의 일치를 위한 순교로 이어진 것이다.

"내가 그리스도를 본받는 것처럼 여러분도 나를 본받는 것처럼 여러분도 나를 본받는 사람이 되십시오." _ 1코린 11,1

코스탄티노 파스칼로토, 성 베드로와 성 바오로와 함께 있는 성모자, 18세기,
성 베드로 성당, 비첸차

안드레아

예수님께 첫 번째 부르심을 받은 사도

갈릴래아 벳사이다 출신의 성 안드레아[1세기경]는 시몬 베드로의 동생이며 요한 세례자의 제자였다. 시몬 베드로처럼 어부로 일하던 중 예수님께서 제자로 부르시어, 안드레아는 그물을 버리고 예수님을 따라나섰다. 예수님의 열두 제자 중 안드레아는 첫 사도 중 한 사람이었기에, 그리스 전통에 따라서, '첫 번째 부르심을 받은' 사람이란 뜻으로 프로토클레토스[Protokletos]라는 칭호로 불렸다.

복음서에서 안드레아는 오천 명을 먹이신 기적[요한 6,1-15]에서 허기진 사람들의 배를 채워주기 위해 예수님께서는 제자 필립포와 안드레아에게 먹을 것을 사 오라고 하였으나, 그중 안드레아는 보리 빵다섯 개와 물고기 두 마리를 가지고 있는 아이를 찾아 예수님께 인도했다. 그리고 그리스 사람들이 축제 때 예배를 드리러 와서 예수님을 뵙고자 청하여 안드레아는 예수님께 말씀드렸다.[요한 12,20-6] 또한 그는 형인 시몬 베드로를 예수님께 인도했다.

안드레아가 어디서 설교하고 죽었는지에 관한 정확한 자료는 전해지지 않지만, 전승에 따르면, 그리스 아카이아의 파트라이에서 순교했다고 한다. 안드레아는 밧줄로 십자가에 묶여 순교했다고 전하며, 후대에 그 십자가가 X자형이라는 이야기가 덧붙여져 '성 안드레아 십자가'라고 말하기도 한다. 그의 유해는 4세기에 콘스탄티노플에 있다가 그리스의 파트라이로 옮겨졌다. 그 후 13세기 이탈리아 아말피의 성 안드레아 성당으로 옮겨졌고, 15세기에는 안드레아의 두개골이 로마 성 베드로 대성당에 모셔졌

프랑소아 두케스노브, **성 안드레아**, 1640, 성 베드로 대성당, 바티칸, 로마

다. 마침내 1964년 교황 바오로 6세가 그리스 정교회와 이룬 화해의 상징으로 그의 유해를 다시 파트라이로 보냈다.

만남의 순간

겐네사렛 호숫가에서 안드레아와 시몬 베드로 형제가 예수님의 말씀에 따라 그물을 내리니 뜻밖에도 찢어지기 일보 직전으로 그물에 고기가 가득 잡혔다. 베드로는 호숫가 사람들에게 도움을 요청했고, 그들은 잡은 고기들로 두 배를 가득 채웠다. 이탈리아 르네상스

미술의 거장 라파엘로[1483-1520]는 〈고기잡이 기적〉에서 성경을 읽어 나가는 것처럼 인물들을 묘사했다.

큰 호숫가에 각각 세 사람씩 탄 두 척의 배가 떠 있다. 왼쪽 배에는 이미 물고기가 가득 차서 넘치고 있고, 오른쪽 배에는 사람들이 그물에 가득한 물고기를 온 힘을 다해 끌어 올리고 있다. 예수님께서는 왼쪽 맨 앞에 앉아 계신다. 처음부터 예수님께서는 어부인 베드로와 안드레아를 제자로 삼으려 계획하고 오신 것처럼 주저함 없이 "나를 따라오너라" 하고 말씀하신다. 하지만 두 형제는 예수님을 따르는 삶이 무엇인지 깨닫지 못한 듯하다. 시몬 베드로는 예수님 앞에 무릎을 꿇고 두 손을 모으고 무엇인가 간곡히 청하고 있고, 그의 표정에는 두려움이 보인다. 베드로 뒤에 양팔을 벌린 안드레아 역시 몹시 놀란 표정이다. 예수님의 제자란 자리는 예수님께 보고 듣고 배운 대로 그의 뒤를 따라가야 한다. 그러나 시몬 베드로는 자신이 너무 부족한 사람이라 생각했는지, 예수님께 자신은 죄 많은 사람이니 자기에게서 떠나 달라고 했다. 그의 간청의 목소리가 그림 속에서 들리는 듯하다. 하지만 예수님은 베드로에게 사람 낚는 어부로 만들겠다고 약속하시고, 이에 시몬 베드로와 안드레아는 모든 것을 포기하고 예수님의 뒤를 따른다.

그림의 배에는 제베대오가 배를 젓고 그의 두 아들 야고보와 요한은 한 마리의 물고기라도 더 담긴 그물을 끌어 올리려는데 여념이 없다. 그러나 두 형제도 예수님의 뒤를 따르기 위해 자신의 바로 곁에 있는 아버지조차 버려두고 떠난다.

라파엘로, **고기잡이 기적**, 1515년경, 캔버스 위에 부착한 종이에 목탄 드로잉과 채색,
빅토리아 앤드 앨버트 박물관, 런던

그림 앞에 정수리가 빨간 두루미들이 눈에 띈다. 정수리에 빨간 관
을 쓴 것과 같다고 해서 단정학丹頂鶴이라 하는데, 교황의 품위를 드러
내는 모자를 상기시키기에 교황권을 상징한다. 또한 두루미는 충성
을 상징하고 한번 인연을 맺으면 짝을 바꾸지 않는다고 한다. 두루미
들이 제자가 될 어부들 앞에 자리한 것은 예수님의 부르심에 응답한
이들은 충실한 믿음과 교회의 반석으로 예수님과 여정을 함께 나누
는 공동체를 형성할 것을 암시한다. 선택된 어부들은 하느님의 자녀
로 혈육을 나눈 형제에서 예수님의 가족으로 새로운 삶을 시작하게
될 것이다. 두루미들 옆에는 뒷걸음질 치는 가재가 있는데, 이는 두

루미와는 달리 옆걸음질 또는 뒷걸음질 치는 가재의 걸음 형태에서 우왕좌왕하는 나약한 믿음이 연상된다.

감사의 순간

베네치아 화가 자코 로부스티[1518-1594], 일명 틴토레토는 이탈리아 르네상스를 마무리 지어주는 화가로, 이탈리아 바로크 문화의 새로운 시대를 여는 데 일조하였다. 그의 회화는 극적인 빛의 사용과 인물의 과장된 동작과 역동적인 구성으로 급하고 짧은 필치로 그림의 마무리가 부족하다는 비난도 있었지만, 자신만의 독특한 거친 붓 터치로 칭송받았다.

〈빵과 물고기의 기적〉 장면에서도 거친 붓 터치와 인물들의 과장된 형태와 몸짓을 찾아볼 수 있다. 틴토레토는 등장인물들을 사선으로 연결하고 있으며, 빛과 어둠을 강렬하게 대비시켜 극적인 효과로 주제를 강조하고 있다.

미술에 예수님이 오천 명을 먹이신 기적에 관한 이야기가 처음 등장한 것은 5세기경이다. 처음에는 예수님이 빵과 물고기에 목자의 지팡이를 대는 모습으로 나타났다. 그 후 점차 자연스러운 풍경을 배경으로 예수님께서 감사의 기도를 올리거나 빵을 나누어 주는 모습 등이 나타났다. 예수님께서는 갈릴래아 호수, 곧 티베리아스 호수 건너편으로 가셨는데 많은 군중이 예수님을 따라갔다. 예수님이 그곳에 모인 사람들의 허기를 채워주기 위해 빵과 물고기로 기적을 베풀어 주셨다. 틴토레토는 성경의 기록대로 음식을 "먹은 사람은 여자

틴토레토, **빵과 물고기의 기적**, 1570년경, 캔버스에 유채, 118x140cm, 스탠리 모스 컬렉션, 뉴욕

들과 아이들 외에 남자만도 오천 명가량"으로 무수히 많은 사람을 묘사하고 있다. 화면 왼쪽 앞부분에는 예수님이 필립보가 든 물고기 두마리와 안드레아가 든 보리 빵 다섯 개를 축복하고 계신다. 그러나 예수님의 시선은 왼쪽에 음식을 가져온 아이를 향한 채, 빵을 떼어그 아이에게 주고 계신다. 사실, 예수님께서는 사람들을 먹일 음식을 마련하실 수 있었을지 모른다. 하지만 예수님은 아이가 내놓은 보리 빵 다섯 개와 물고기 두 마리로 수천 명이 배불리 먹고 남을 정도의 음식으로 바꾸셨다. 그림에서 예수님께서 아이에게 빵을 떼어주는 것은 하느님께 사랑으로 봉헌한 영적 음식을 되돌려주는 것이다.

오른쪽에 두 여인이 보인다. 한 여인은 갓난아기에게 젖을 물리고 있다. 어머니는 배고픈 자신의 아기에게 갈증과 허기를 채워주고 있다. 아이를 사랑하는 엄마의 마음처럼 예수님도 고단한 일상과 허기에 목말라하는 사람들의 배를 채워주신 것이다. 예수님께서는 모두에게 굶주림과 배고픔에 허덕이지 않게 하신 것이다. "하늘의 너희 아버지께서는 그것들^{하늘의 새들, 피조물}을 먹여 주신다."^{마태 6, 26} 화면 중앙에는 이미 사람들에게 빵을 나누어주는 모습이 보인다. 계속해서 그 너머 언덕과 배경에는 오천 명에 달하는 사람들이 모여 있다. 예수님은 이 사람들을 배불리 먹일 것이다. 물적·영적 허기에 목말라하는 사람들을 가엾이 여긴 예수님의 마음이시다.

은총의 순간

작품 속에서 성 안드레아는 보통 흰머리와 수염이 있는 나이 많은 모습으로 표현되곤 한다. 그의 주제로 순교 장면이 주를 이루며, 그는 X자형 십자가나 그물, 또는 물고기를 들고 등장하기도 한다.

이탈리아의 바로크 화가 마티아 프레티¹⁶¹³⁻¹⁶⁹⁹는 극적인 명암 대비와 등장인물들의 운동감과 공간감 등 바로크 미술의 고전적이면서 자유로운 회화적 요소를 통해 안드레아의 순교 장면의 생생함을 전달하고 있다. 집행인들은 커다란 X자 모양 십자가 위에 안드레아를 밧줄로 묶고 있다. 이들은 모든 힘을 다해 그를 십자가에 최대한 양

▶ 마티아 프레티, **십자가에 매달리는 성 안드레아**,
1622-1628, 발레의 성 안드레아 성당, 로마

팔과 양발을 벌려 단단히 묶으려 한다. 집행인들의 행동에 안드레아는 아무런 저항이 없다. 자기 몸을 온전히 하느님의 의지에 내맡기려는 순응의 자세다. 양팔이 쭉 벌려진 채 밧줄에 묶이고 있는 그는 눈을 하늘로 향하고 있다. 그에게는 십자가에 매달려 죽음을 맞는 두려움도 보이지 않는다. 오히려 자기 몸과 영혼을 온전히 주님께 내맡겨 버린 듯한 표정이다. 안드레아는 지금의 두려움과 고통의 순간이 아니라 천상의 세계로 들어가기 위한 은총의 순간을 준비하고 있는 듯하다. 하늘에는 두 명의 아기천사가 성인을 향해 내려오고 있다. 한 천사는 순교의 상징인 종려나무 가지를 들고 있고, 다른 한 천사는 금장식의 관冠을 손에 쥐고 있다. 하느님 나라를 희망하고 신앙을 목숨과 바꾼 안드레아가 순교의 영광스러운 월계관을 안게 된 것을 의미한다.

"나를 따라오너라." _마르 1, 17

아르투스 볼포르트, 성 안드레아, 1610 – 1620, 개인 소장

대 야고보·사도 요한

예수님께 사랑받은 두 형제 사도

예수님께서는 복음선포를 시작하신 후 제자들을 부르신다. 예수님은 갈릴래아 호숫가를 지나다가 제베대오의 두 아들 요한과 야고보 형제를 부르신다.

예수님의 12 사도 중 야고보[1세기경]는 두 명이다. 알패오의 아들인 야고보를 소小 야고보라고 불렀고, 제베대오의 아들이자 복음서 저자인 요한의 형인 야고보를 대大 야고보로 불렀다. 반면, 성 요한[1세기경]은 신약성경의 네 번째 책인 요한복음서의 저자로, "예수님의 사랑을 받던 제자"로 기록되어 있다.

예수님은 아버지와 함께 배에서 그물을 손질하고 있던 요한과 야고보를 불러 자신의 제자로 삼았다. 예수님은 그들이 어부라는 직업을 고려한 듯 "내가 너희를 사람 낚는 어부로 만들겠다."마르 4. 19라고 약속하셨다. 요한과 야고보는 예수님의 부르심에 아무런 조건 없이 곧바로 "예" 하고, "곧바로 배와 아버지를 버려두고"마르 4. 22 예수님을 따랐다. 야고보와 그의 동생 요한은 예수님으로부터 '천둥의 아들들'이라는 뜻으로 보아네르게스라는 이름을 얻었다. 마르 3. 17

대 야고보와 사도 요한의 상징물들

미술에서 예수님께서 제자들을 부르는 장면은 각양각색으로 묘사되었다. 야고보와 사도 요한이 개별적인 도상으로 나타나기도 하지만, 특히 베드로와 안드레아, 야고보와 요한은 그들이 어부라는 직업을 고려하여 호숫가나 고기 잡는 모습이 배경으로 많이 나타난다.

야고보는 순례자의 수호성인으로, 작품에서도 순례자로 묘사되곤 한다. 순례자의 지팡이와 물병으로 사용한 호리병이 그림에 등장한다. 야고보에 관한 전설에서 유래된 조개껍데기가 자주 그려진다. 그가 참수당한 후, 제자들이 그의 시신을 빈 배에 태워 바다에 띄웠는데 이베리아 해안까지 도착하였고, 야고보의 시신은 조개껍데기들에 싸여 손상되지 않았다고 한다. 또 다른 전설은 어떤 말 탄 기사가 바닷물에 빠졌는데 야고보의 도움으로 살아났다는 이야기이다. 물 위로 떠 오른 기

안토니오 베네치아노, 사도 야고보, 1384년경,
베를린 국립미술관

사의 몸은 조개껍데기로 싸여 있었다고 한다. 화가 안토니오 베네치아노[1543-1593]의 작품에서도 야고보의 상징인 조개껍데기가 그가 쥐고 있는 지팡이에 달려있다. 긴 지팡이는 순례자의 여정을 의미하고, 야고보의 손에 든 책은 제자의 상징 중 하나이다. 책은 야고보가 예수님의 말씀을 따르는 사도의 역할을 드러냄과 동시에 복음서에 기록된 주요한 사건들의 목격자임을 나타내고 있다.

요한에 관한 그림은 외경의 이야기나 『황금전설』을 통해 많은 화가의 작품 소재가 되었다. 요한과 가장 많이 등장하는 동물은 뱀과 독수리이다. 뱀이 든 성작을 들고 있는 요한의 모습은 그가 독이 든 잔을 받고 축복을 하자 독이 뱀으로 변했다는 전설에 따른 것이다. 독수리는 복음사가로서 요한을 나타내는 상징이다. 조류 가운데 유일하게 독수리만이 태양을 정면으로 바라볼 수 있는 시력을 지녔고, 요한복음서의 신학이 날카롭고 깊다는 의미에서 요한복음서는 독수리로 표상되었다. 또한 독수리는 새 중의 왕일뿐만 아니라 가장 높이 나는 동물이기 때문이다. 복음서에서도 알 수 있듯이 요한은 그리스도와 가장 가까운 사이라는 것을 드러낸다. 볼로냐 출신의 화가인 도메니키노[본명: Domenico Zampieri, 1581-1641]는 주로 장식적인 프레스코로 명성을 떨쳤다. 도메니키노는 사도 요한의 상징물들인 독수리, 독이 뱀으로 변한 잔, 그리고 복음사가로서의 책을 섬세한 빛과 채색으로 묘사하고 있다.

도메니키노, 복음사가 요한, 17세기, 밥 존스대학교, 그린빌, 미국

일상에서의 부르심

한편, 이탈리아 르네상스 화가 마르코 바사이티[1470년경 - 1530]는 예수님께서 갈릴래아 호숫가에서 일하던 제베대오의 두 아들 요한과 야고보 형제를 부르는 장면을 묘사하고 있다.

그림 왼쪽에 푸른색 망토를 두른 예수님은 양옆에 이미 제자가 된 시몬과 안드레아와 함께 어부인 요한과 야고보를 맞이한다. 형 야고보는 예수님 앞에 무릎을 꿇고 있고, 장차 복음사가가 될 그의 동생 요한은 그 뒤를 잇고 있다. 당시 유다교 문화권에서 라삐들은 제자가 스승을 선택했지만, 예수님은 직접 사람들의 일상 속으로 찾아가 "나를 따라오너라"[마르 4,19] 하고 당신의 제자를 부르고 계신다.

그림 배경을 보면, 왼쪽 중간 작은 언덕의 낮은 울타리 안에 양을 보호하는 목동[착한목자]이나 배를 타거나 낚시하는 사람들의 모습이 담긴 공간이 보인다. 이러한 풍경은 예수님의 부르심이 일상의 터전에서 행해지고 있음을 알 수 있다. 멀리 황금빛 서광은 이들 가운데 선택된 제자들이 앞으로 하느님의 영광을 드러내라는 것을 암시한다.

그림 오른쪽 아래에 붉은색 옷을 입은 인물은 요한과 야고보의 아버지 제베대오이다. 아들들과 배 위에서 그물을 손질하던 제베대오는 일을 그만두고 가버린 아들들을 바라보고 있다. 그의 두 아들은 예수님을 따르려고 배와 그물, 그리고 아버지마저 버린다. 요한과 야고보는 자신들보다 먼저 예수님의 부르심에 아무런 조건 없이 곧바로 "예"하고 순종한 시몬과 안드레아처럼 그들도 뒤도 바라보지 않고 예수님을 향한다. 그들의 동작을 살펴보면, 야고보는 예수님 앞에

마르코 바사이티, 제베대오의 아들들의 부르심,1510, 아카데미아 미술관, 베네치아

한 손을 가슴에 얹고 정중히 무릎을 꿇고 있고, 바로 뒤의 요한도 한 손을 가슴에 올린 채 예수님을 바라보고 있다. 화가는 이들의 동작을 통해 예수님을 신뢰하고 그분의 말씀에 곧바로 순종하는 모습을 묘사하고 있다.

그림 오른쪽 가장 아랫부분에는 이미 정박한 배 위에 버려진 그물이 보인다. 화가는 "곧바로 배와 아버지를 버려두고"마르 4,22 예수님을 따른 요한과 야고보의 응답을 배 위에 걸쳐진 그물로 표현하여 성경의 내용을 구체화하고 있다. 아들들의 뒷모습만을 바라보면서 배 위에 홀로 남겨진 제베대오의 모습 역시 요한과 야고보의 "그분을 따랐다"라는 행동을 강조한 표현이다. '배와 그물'은 개인의 소유를 상징하고 '아버지'는 가정을 의미한다. 요한과 야고보가 자신들의 소유배와 그물와 가정아버지을 포기한 것은 부르심의 응답에 대한 '완전한 버림'을 의미한다. "나를 따르려고 제 집이나 형제나 자매나 부모나 자식이나 토지를 버린 사람은 백 배의 상을 받을 것이며, 또 영원한 생명을 얻을 것이다."마태 19,29 예수님은 사랑의 눈빛으로 오른손을 들어 제자들의 응답을 축복하고 계신다. 예수님의 부르심에 무릎을 굽히고, 가슴에 손을 얹은 행동을 보이는 야고보와 요한의 모습처럼 우리도 곧바로 "예, 따르겠습니다" 하고 응답할 수 있기를 희망해 본다.

> "제자 가운데 한 사람이 예수님 품에 기대어 앉아 있었는데, 그는 예수님께서 사랑하시는 제자였다."_요한 13, 23

야자코포 바사노, **최후의 만찬(일부)**, 1542, 보르게세 미술관, 로마

요한 복음서에서 요한은 자신을 "예수님의 사랑을 받던 제자"로 기록하고 있다.
요한은 예수님의 최후의 만찬 그림에서 늘 예수님의 바로 옆에서 친근한 모습으로
표현되곤 한다.

마태오

첫 번째 복음서의 저자

마르코 복음과 루카 복음에 따르면 성 마태오[1세기경]는 레위라 불렸는데[마르 2. 13] 예수님의 제자가 된 이후 히브리어로 "하느님의 선물"이라는 뜻의 마태오라고 바꾼 것으로 추정된다. 마태오는 가파르나움에서 로마 제국을 위해 유대인들로부터 세금을 걷는 세리였다. 그의 직업인 세금 징수원은 로마제국 시대의 사람들에게 환영받는 직업은 아니었다. 예수님은 그런 마태오를 불러 자신을 따르라고 했으며, 그는 즉시 일어나 세관을 떠났다. 마태오는 예수님의 열두 제자 중 한 사람이 되었고, 첫 번째 복음서를 저술했다. 전승에 따르면, 그는 흑해와 마케도니아, 시리아, 에티오피아로 전교하였는데, 에티오피아에서 순교했거나, 페르시아에서 순교했다고 전한다.

마태오를 그린 그림 중에서 가장 많이 볼 수 있는 것은 예수님의 제자가 되는 것이다. 예수님께서 정신없이 돈을 세고 있는 세리 마태오를 불러 "나를 따르라"라는 한 마디에 자신의 장부와 돈, 돈주머니를 모두 버리고 예수님의 제자가 된다. 그는 현실의 이익을 버리고 예수님을 따른 모범적인 인물로 묘사된다. 그리고 마태오가 천사에

카라바조, 성 마태오의 소명, 집필하는 성 마태오, 성 마태오의 순교 , 1602,
산 루이지 데이 프란체지 성당, 콘타렐리 경당, 로마

의해 영감을 받아 첫 번째 복음서를 집필했다는 것에 기인하여 주로
날개 달린 천사와 복음서를 동반한다. 그리고 그의 순교를 나타내는
도끼나 창과 함께 묘사되기도 한다.

마태오에 관한 그림 가운데 가장 잘 알려진 것은 로마에 있는 프랑
스인들의 성당인 산 루이지 데이 프란체시의 콘타렐리 경당에 걸린
카라바조의 〈성 마태오의 소명〉, 〈집필하는 성 마태오〉, 〈성 마태오
의 순교〉 작품이다. 1599년에 마태오 콘타렐리 추기경은 카라바조에

게 자신을 위한 경당에 대형 제단화를 주문했다. 카라바조는 17세기 유럽회화의 혁신적인 미술가로, 밝고 어두운 대비의 강렬한 명암법 사용과 이전에 이상적으로 표현하던 종교적인 주제를 벗어나 사실적인 자연주의를 작품의 특징으로 한다.

말씀을 따르다

카라바조의 〈집필하는 성 마태오〉는 빛과 어둠의 대비를 누구보다도 잘 이해한 화가의 표현이 담겨있다. 글을 몰랐던 마태오에게 천사가 나타나 그에게 복음서 작성을 지도하는 장면이다. 캄캄한 어둠 속에서 마태오는 의자에 무릎을 느슨하게 올리고 있지만, 천사를 바라보는 그의 시선은 강렬하다. 사실 카라바조가 첫 번째 그린 마태오는 현재 소실되고 없지만, 늙고 가난한 노동자의 모습에 더 가까웠다. 그러나 주문자가 그 그림에 경의가 들어 있지 않다고 하여 카라바조는 마태오를 다시 그렸다. 마태오는 고대 철학자 같은 옷에 얼굴은 고귀하고 근엄한 표정으로 성인으로서의 면모를 보인다. 지상의 마태오와 천상의 천사는 서로 마주하며 교감하고 있다. 천상 공간에 자리한 천사가 마태오에게 불어넣는 영감은 하늘에서 내려오는 하느님의 말씀임을 드러낸다. 이로써 마태오 복음의 신성함과 권위가 그림에 부여된다.

카라바조, **집필하는 성 마태오**, 1602, 산 루이지 데이 프란체지 성당, 콘타렐리 경당, 로마

부르심을 따르다

첫 번째 복음서의 저자인 마태오가 예수님의 제자가 되는 순간은 매우 극적이다. 왜냐하면 그는 예수님께서 "나를 따르라"하는 한마디에 자신의 장부와 돈을 모두 버리고 예수님의 제가 되었기 때문이다.

화면 오른쪽에 어깨 옆으로 나 있는 창문을 통해 들어오는 빛을 받고 있는 예수님께서는 손가락으로 탁자에 앉아 있는 마태오를 가리키고 있다. 예수님은 베레모를 쓴 마태오를 가리키며 "나를 따라라"하고 말씀하신다. 그는 예수님의 이런 느닷없는 지시에 당황한 표정이다. 둥근 탁자에 앉은 다섯 명의 사람은 예수님의 가리킴에 다양한 반응을 보인다.

탁자 오른쪽의 두 젊은이는 무슨 일이 벌어지는지 조차 모르는 표정이다. 그들의 얼굴에는 호기심만 가득할 뿐이다. 등을 보이는 젊은이는 예수님을 향해 몸을 기울여 큰 관심을 보이고, 미소년처럼 보이는 젊은이는 약간 놀란 표정이다. '예수의 부르심에 새로운 길이 펼쳐지지 않을까?' 하는 눈치들이다. 이와 달리 왼쪽에 두 사람은 예수님의 등장에 아예 쳐다보지도 않고 있다. 안경을 콧잔등에 걸친 노인은 꽤나 재력 있고 지적으로 보이나, 돈을 계산하는데 정신을 놓고 있다. 또한 그 앞쪽 젊은이는 돈밖에 모르는 사람처럼 열심히 돈 세는 것에만 몰두해 있다. 오직 한 사람, 베레모를 쓴 사람만이 예수님의 부름에 작은 움직임을 보인다. 그는 오른손으론 고개를 숙인 젊은이와 같이 돈을 세고 있지만, 예수님의 부르심에 아직까지 이렇다 할 뚜렷한 반응은 보이지 않는다. 하지만 돈주머니를 끌어안고 돈을 세

카라바조, 성 마태오의 소명, 1599-1600, 산 루이지 데이 프란체시 성당, 콘타렐리 경당, 로마

던 세관 마태오는 맨발을 한 예수님처럼 이 어두운 공간에서 벌떡 일어나 그의 뒤를 따른다. 구원의 빛은 탁자에 둘러앉은 다섯 명 모두에게 내리비추고 있으나, 응답하려 하는 사람은 오직 베레모를 쓴 마태오뿐인 것이다.

빛과 어둠을 누구보다도 잘 이해하고 표현한 카라바조는 이 작품에서도 캄캄한 어둠 속에 오른쪽에서 들어오는 한 줄기의 빛을 표현하고 있다. 그림이 있는 콘타렐리 경당에 가보면, 그림 오른쪽 위로난 반원형 창에서 실제로 빛이 들어오고 있다. 카라바조는 그림 속에 구원을 상징하는 '신성한 빛'을 실제 공간의 빛을 투과하여 생생함을 더하며 극적인 긴장감을 드러내고 있다. 이 빛은 마태오를 선택한 것처럼 보인다. 실내 가득한 어둠은 마태오의 타락과 죄 많은 삶을 신성한 빛과 대비시키고 있다. 예수님의 몸에서 직접 뿜어 나오는 빛이 아니다. 예수님의 뒤 어딘가에서 비스듬히 들어오는 그 빛은 그의 손을 따라 마태오에게 뻗어가고 있다. 정작 빛의 근원이라 할 수 있는 예수님의 모습은 그저 자신의 얼굴 일부분과 마태오를 가리키는 손만이 빛으로 드러난다. 예수님께서 손을 가리켜 선택하는 순간, 가장 극명한 빛은 바로 탁자에 앉아 있는 마태오에게 집중된 것이다. 예수님 자신이 빛나는 존재가 되는 것이 아닌 마태오가 빛나도록 하신 스승 예수님의 마음이 간접적으로 표현된 듯하다.

반면, 벽 위쪽에 창문은 빛을 뿜는 역할을 하지 못한다. 창문의 덧문은 활짝 열려 있긴 하지만 십자가 형상의 격자무늬를 한 속문은 거의 닫힌 상태이다. 안팎으로 나 있는 문은 신약과 구약을 상징하고, 말씀의 육화와 십자가를 통한 구원의 의미를 내포한다. 구원의 빛! 그림의 틀 밖, 즉 세상 밖으로부터 예수님의 출현으로 비롯된 구원의 신성한 빛이 어둠을 가르고 쏟아지고 있다.

그러나 이 작품에서 이상한 부분은 예수님을 거의 가리고 있는 베드로의 모습이다. 또한 그의 손짓은 예수님의 부름의 손짓과 동일하다. 예수님의 손짓은 미켈란젤로가 로마 바티칸의 시스티나 소성당의 천장 벽화에 그린 작품 중 〈아담의 창조〉에 나오는 아담의 손과 유사하다. 카라바조는 예수님께서 '새로운 아담'[1코린 15,22] 임을 통찰한 것이다. 그리고 카라바조는 처음부터 베드로를 표현하지는 않았다. 그러나 화가는 로마 가톨릭교회의 상징인 사도 베드로를 신성한 세계와 인간적인 세계를 중재하는 역할자로 그림 속에 등장시키고, 마태오 역시 이런 의미로 표현한 것이다.

카라바조의 작품 〈성 마태오의 소명〉은 로마에서 건달들이 즐겨 찾는 도박판과 선술집을 배경으로 삼고 있다. 이 작품에 등장하는 인물들의 얼굴은 실존 인물들로서 전혀 성스럽거나 품위가 있어 보이지 않는다. 예수님의 얼굴조차 그다지 성스러워 보이지 않는다. 이렇게 화가는 성경의 등장인물과 이야기를 일상적인 생활 안으로 끌어들임으로써, 예수님은 의인이 아니라 죄인을 부르러 온 것임을 분명히 나타내고 있다. 예수님께서 부르는 손짓의 대상은 이 그림을 보고 있는 '나'일수도 있을 것이다.

죽음을 따르다

〈성 마태오의 순교〉 장면은 다른 두 작품과 비교해볼 때, 보다 극적으로 표현돼 있다. 콘타렐리 추기경이 제단화를 주문하면서 자기가 원하는 그림의 묘사를 남겼다. "성 마태오는 옷을 입고 있고 미사를 집전하다가 병사들의 손에 죽는다. 마태오는 상처를 입고 쓰러져 있거나 쓰러지는 중이다. 마태오는 처형당하고 있으나 아직 죽진 않았다. 그때 순교의 현장에 남녀노소 여러 명의 사람들과 천사가 있다. 그들은 대부분 마태오의 순교 장면에 경악하고 있고, 일부는 경멸하는 표정을 짓고 있거나 연민을 품고 있다." 카라바조는 칼을 거

카라바조, 성 마태오의 순교, 1599-1600, 산 루이지 데이 프란체시 성당, 콘타렐리 경당, 로마

머쥔 사형 집행인의 모습을 중심에 놓고 마태오의 순교 장면을 구성했다. 마태오의 순교 장면에는 어른부터 어린아이까지 여러 명의 사람이 커다란 화면 전체를 가득 채우고 있다. 카라바조의 빛과 어둠의 표현이 최고조에 달해 마태오의 순교의 순간을 생생하게 보고 있는 듯하다. 누드에 가까운 살인자는 이미 피를 흘리며 쓰러진 마태오에게 마지막 숨통을 끊으려는 듯 마태오의 손을 움켜진 채 칼을 휘두르

려한다. 이를 목격한 아이를 비롯해 주변 인물들은 경악을 금치 못하는 모습이다. 이때 하늘의 천사는 순교의 상징인 종려나무 가지를 들고 마태오의 손에 건네주고 있다. 대형 화폭에 빛의 강도를 주요 인물들에게 더 부가하여 주제의 긴박감과 집중도를 높이고 있다. 그런데 이러한 극적이고 긴박한 순간에 어떠한 내적 동요도 보이지 않는 인물이 화면 뒤편에 보인다. 카라바조 자신의 초상이다. 마태오의 죽음의 순간에 카라바조는 자신과는 아무 상관없는 표정으로 이 광경을 지켜보고 있을 뿐이다.

"그리스도 안에서 산다고 말하는 사람은 그리스도께서 거니신 것처럼 거닐어야 하기 때문입니다."_성 베다 사제의 강론에서

토마스

의심에서 확신으로 이끈 사도

열두 제자 가운데 한 명인 성 토마스[1세기경]는 갈릴래아 출신으로 쌍둥이라는 별명으로 불린다. 그러나 그가 언제, 어디서 예수님의 사도가 되었는지 성경에 기록되어 있지 않다. 다만 요한의 복음서에 토마스의 몇 가지 이야기가 등장한다. 토마스는 예수님께서 라자로를 죽음에서 되살리기 위해 베타니아로 가는 것이 위험하다고 생각했으나 "우리도 스승님과 함께 죽으러 갑시다"라고 하며 예수님을 따르기로 했다.[요한 11, 16] 최후의 만찬 때에도 다른 사도들은 비통에 잠겨 침묵하고 있었으나, 토마스만이 "주님, 저희는 주님께서 어디로 가시는지 알지도 못하는데, 어떻게 그 길을 알 수 있겠습니까?"라고 솔직히 말했다.[요한 14, 5] 그리고 예수님의 부활을 전하는 동료들의 말을 믿지 못하고 "나는 그분의 손에 있는 못 자국을 직접 보고 그 못 자국에 내 손가락을 넣어 보고 또 그분 옆구리에 내 손을 넣어 보지 않고는 결코 믿지 못하겠소." 하고 말했다.[요한 20, 25]

4세기부터 전해지는 교부들의 증언에 따르면, 토마스는 왕궁을 지어달라며 인도에서 그를 초청하여, 목수로 일하며 선교하다가 그곳에서 왕과 많은 사람을 개종시킨 후, 칼과 창으로 순교를 당했다고 한다. 이런 까닭으로 토마스의 도상圖像은 건축용 직각자를 들고 있거나, 긴 창을 들고 있는 모습으로도 표현된다. 물론 우리에게 가장 익숙한 그의 모습은 예수님의 부활을 의심하여 그의 옆구리 상처에 손을 넣는 장면이다. 또한 토마스의 의심은 '성모승천'과 '성모대관'까지 이어진다.

장 륄리에, **토마스 성인**, 성 베드로와 바오로 성당의 합창단 석 나무 부조, 1520, 오르베-라비, 프랑스

만져봐야 믿는 믿음

예수님께서는 영광스럽게 부활하여 승리의 깃발을 들었다. 참으로 살아 숨을 쉬고 계셨다. 그러나 이것을 믿지 못하는 제자 토마스는 이 놀라운 예수님의 부활 사건을 믿기 전에 실체적인 증거를 요구했다. 그도 그럴 것이 죽은 사람이 어떻게 다시 깨어난단 말인가? 절대 있을 수 없는 일이 토마스 앞에서 확인되는 순간이다.

부활한 예수님이 제자들이 모여 있는 곳에 처음으로 나타났을 때 토마스는 그 자리에 없었다. 그는 다른 제자들의 증언을 믿지 않고 직접 예수님의 상처를 만져봐야 믿을 것이라고 했다. 성경은 토마스가 예수님의 옆구리 상처에 정말 손을 넣었는지를 기록하고 있지 않다. 그러나 많은 화가는 '토마스의 의심' 도상을 세 가지 유형으로 나누어 표현하곤 한다. 첫째, 예수님이 다른 한 손으로 직접 옷깃을 걷어 내는 장면. 둘째, 예수님이 자신의 옆구리 상처를 손으로 가리켜 보이는 장면. 셋째, 예수님이 토마스의 손을 자신의 옆구리 상처 속으로 집어넣도록 잡아당기는 듯한 장면이다.

중세 이탈리아 화단의 거장 두치오^{1255~1319}는 극히 소수의 그림만이 전해지고 있는데, 그 가운데 잘 알려진 〈마에스타^{Maestà}〉제단화가 있다. 이것은 시에나 대성당의 중앙 제단에 걸기 위해 제작되었고, 그 뒷면에는 38개의 성경 속 장면이 묘사돼 있다. 그중 한 패널인 〈토마스의 의심〉 장면이다.

예수님은 자애로운 표정으로 오른팔을 높이 든 채, 왼손으로 옷깃을 잡아 올리면서까지 자신의 상처를 보여준다. 예수님의 왼쪽 손등과 발등에는 십자가의 흔적인 못 자국이 선명하다. 그러나 예수님의 몸은 죽음의 승리자답게 당당한 모습으로 십자가의 상처를 통해 자신의 부활을 믿도록 하고 계신다. 반면, 토마스의 모습은 두려움에 떨면서 예수님의 옆구리에 손가락을 대고 있다. 그는 부활한 예수님을 눈앞에 두고도 의심하는 듯하다. 토마스는 예수님의 상처에 손을 대지만, 무엇인가 주저하는 동작은 그의 약하고 우유부단한 믿음과 예수님의 부활이 실제인지 확신하지 못하는 상태를 가리킨다. 이에 예수님께서는 "너는 나를 보고서야 믿느냐?" 하시며 보지 않고도 믿

두치오 디 부오닌세냐, **토마스의 의심**, 1308–1311, 목판에 템페라, 시에나 대성당 박물관

는 믿음의 자세에 대해 말씀하신다. 그러나 예수님께서는 나약하고 우유부단한 믿음으로 불신과 의혹에 사로잡힌 제자를 올바른 길로 인도할 수 있도록 모든 것을 베풀어주는 사랑이 가득한 시선으로 바라보고 계신다.

화가 두치오는 부활한 예수님의 의상을 흰색^{수의}으로 나타내지 않고 붉은색 튜닉에 짙은 푸른색 망토로 그리고 있다. 붉은색 튜닉은 예수님의 수난과 희생을 의미하고, 푸른색 망토는 하늘의 빛으로 신성함을 뜻한다. 화가는 토마스가 예수님이 유령이 아니라 부활한 분이심을 믿는 것처럼, 예수님의 인간적이고 신적인 면을 동시에 드러내고 있다.

배경에 그려진 지붕은 이 공간이 실내라는 것을 알려준다. 예수님의 무덤이 비어 있다는 것이 밝혀진 그날 밤에 방에 모여 방문을 꼭꼭 걸어 잠그고 있던 제자들에게 나타나셨다. 이 사실을 뒤늦게 알게 된 토마스는 예수님을 직접 눈으로 보고서야 그분의 부활을 믿게 된 것이다. 닫힌 문은 불신과 믿음의 부족, 더 나아가 닫혀있는 사람의 마음을 의미한다. 예수님께서는 닫힌 문으로 들어오신다. 예수님은 직접 제자들에게 다가오셔서 옆구리와 손의 상처로 토마스를 비롯해 다른 제자들의 닫힌 문을 열어 그들이 절망과 불신의 믿음에서 완전한 믿음을 드러내게 하신다.

보고야 믿는 믿음

토마스는 예수님의 부활을 받아들이는 과정에서도 예수님의 옆구리 상처에 손을 넣어보고서야 예수님의 부활에 대한 자신의 의혹을 거둔다. 그런데, 그는 성모 마리아가 임종 후, 무덤으로 옮겨져 천사들의 호위를 받으며 하늘로 올라간 사실도 보지 못하였기에 믿으려 하지 않았다.

라파엘로, 성모대관, 1502–1503, 캔버스에 유채, 바티칸 박물관 회화관, 로마

르네상스 미술의 거장인 라파엘로[1483-1520]가 페루지아에 머물던 시기에 성 프란치스코 알 몬테 성당을 위해서 성모 마리아가 임종 후 무덤으로 옮겨지고 그 후 하늘에 올라 천상 모후의 관을 예수님께 받는 장면을 그렸다. 작품 구성은 상하로 이등분돼 있지만, 내용상으로는 구분할 수 없는 관계다. 성모님은 자기 아들에게 왕관을 받고 예수님의 영적 신부가 된다. 중세 전통에 따르면, 모자간인 예수님과 성모님의 관계는 예수님은 삼위일체에 의해 하느님과 같다는 바탕을 두고 영적으로 결합한 부부간으로 생각됐다.

장례식을 마친 성모님 시신은 예루살렘 무덤으로 옮겨진다. 성모 마리아는 육신의 순결함으로 육체가 무덤 안에서 부패하는 고통을 겪지 않게 됐고, 그녀의 영혼은 육체와 결합했으며, 무덤에서 다시 나와 무수한 천사의 호위를 받으며 '천상의 신부 방'으로 들어갔다.

사도들은 성모님의 죽음에 몹시 슬퍼했으나, 하늘에 올라 천상의 관을 받는 광경을 지켜보는 그들의 모습에는 경외감이 감돈다. 지상에 남아 있는 사도들은 이 놀라운 사건에 우왕좌왕하는 기색이 없다. 라파엘로의 색채에서 찾아볼 수 있는 부드럽고 감미로운 색조로 가장 아름다운 천상 모습을 지켜보는 사도들의 매우 온화하고 정적인 모습이 표현돼 있다. 사도들은 지상 생활을 마친 뒤 성모님과 같이 영원한 천상 공간으로 들어가길 염원하는 듯 그들의 시선은 하늘을 향하고 있다.

사도들 중앙에 위치한 토마스는 손에 허리띠를 들고 있다. 오래전부터 내려오는 『황금전설』을 보면, 토마스는 사도들 가운데 성모 임

베노초 고촐리, 성모 마리아의 허리띠(일부), 1450-1452, 목판에 템페라, 바티칸 박물관 회화관, 로마

종 당시 맨 마지막에 도착했다. 성모님은 하늘로 올려진 상태였고, 이를 보지 못한 토마스는 그 사실을 믿지 못했다. 그때 성모님 옷에 둘렀던 깨끗한 허리띠가 그대로 토마스의 손에 떨어진다. 그는 비로소 성모님의 몸과 영혼이 진실로 하늘로 올려졌음을 깨닫는다. 성모님은 의심하는 토마스에게 자신의 영광스러운 승천을 증명하기 위해 허리띠를 내려주고 있다. 이렇듯 토마스는 눈으로 보고 만질 수 있는 표징으로 자신의 믿음을 확인한다.

"너는 나를 보고서야 믿느냐? 보지 않고도 믿는 사람은 행복하다." _ 요한 20, 29

마르코

초기 교회의 선교자이며
복음의 증거자

성 마르코[1세기경]는 로마에서 성 베드로의 가르침에 따라 마르코 복음서를 저술했다. 그는 예수님의 열두 제자는 아니었지만, 예수님의 삶과 가르침을 기록하고 전파하는 일에 선택된 사람이었다.

전해지는 자료에 따르면, 마르코는 바르나바 성인의 조카로 키프로스 태생의 레위 사람이다. 그는 바오로 사도의 첫 번째 선교 여행에 동행했고 이후에는 바르나바 성인과 함께 키프로스로 전교 여행을 했고, 나중에 베드로 성인과 로마로 갔다고 전한다. 마르코가 로마로 간 뒤 행적에 관해서는 거의 알려지지 않았지만, 그는 이집트 알렉산드리아에서 설교하며 그곳에 최초의 그리스도 교회를 세웠다고 한다. 또한 전승에 따르면, 마르코는 알렉산드리아의 초대 주교였으며, 미사 집전 중 이교도들에게 붙잡혀 목에 밧줄이 묶인 채 도시를 끌려 다니는 고문 끝에 순교했다고 한다. 그러나 이교도들이 그의 시신을 불태우려 하자 천둥과 번개가 쳤고, 그 자리에 있던 이교도들은 놀라 달아났고, 이때 신자들이 그의 시신을 수습해 인근 교회에 모셨다고 한다. 그 후 마르코의 유해는 828년에 베네치아 상인들에 의해 알렉산드리아에서 이탈리아 베네치아의 성 마르코 성당으로 옮겨져 공경 받고 있다.

마르코는 튜닉을 입은 장년의 남자로, 복음서를 혼자 저술하거나 베드로, 천사, 성령의 비둘기, 그리스도의 도움을 받아 복음서를 작성하는 모습으로 자주 그려진다. 특히 그를 둘러싼 다양한 전설들도 작품의 소재가 되었고, 이러한 예로 가장 대표적인 작품이 베네치아의 거장 틴토레토가 그린 성 마르코의 생애 연작이다.

복음서 저자 마르코

고대 로마의 전통적인 인테리어 장식미술로서 계승 발전한 모자이크는 교회의 내부를 장식하는 데에 주로 쓰였다. 모자이크 벽은 내부로 들어온 빛이나 실내 조명 _{촛불이나 횃불} 빛을 반사하여 초월적인 공간을 형성하는 데에 일조하였으며, 교회 내부를 천상의 예루살렘으로 변화시키는 주요한 장식요소로 여겨졌다. 이탈리아 동북부 아드리아 해변에 위치한

작가미상, **마르코 복음사가**, 6세기, 모자이크, 산 비탈레 성당, 라벤나

라벤나의 산 비탈레 성당의 모자이크 장식에서 이러한 특징을 찾아볼 수 있다.

라벤나는 5세기에 서로마 제국의 마지막 수도가 되고, 이후 6-8세기까지 동東고트족의 이탈리아 왕국과 비잔틴 제국령 이탈리아의 수도가 된다. 동로마제국의 황제 유스티니아누스527-565는 라벤나에 지상에서 가장 아름다운 교회를 짓도록 명했다. 산 비탈레 성당은 대부분 성경 이야기를 담은 모자이크 장식이 원형 그대로 보존되어 있으며, 건물 내부 장식은 건축구조에 따라 구획돼 있다.

산 비탈레 성당 제단presbyterium 입구의 아치 위에는 그리스도와 사도들의 모습을 담은 메달리온이 있다. 제단 궁륭에는 작은 양이 그려진 메달리온이 장시돼 있는데, 네 천사가 그것을 보좌하고 있으며 풍성한 포도넝쿨 모티프가 전면을 채우고 있다. 제단의 남쪽과 북쪽의 수직벽면에는 복음서 저자들과 그들의 상징물이 그려져 있다. 마르코도 복음서를 저술하는 모습을 담은 모자이크로, 펜과 잉크를 앞에 두고 오른손은 하늘을 향한 채 왼손은 펼쳐진 마르코 복음서를 잡고 있다. 마르코의 머리 위에는 그의 상징인 사자가 자리하고 있다.

6세기 시리아교회 에뎃사오늘날 터키 우르파의 주교 라불라의 복음서에 표현된 '예수 승천' 장면에도 복음사가들의 상징을 찾아볼 수 있다. 부활한 예수님은 올리브 동산에서 제자들이 보는 앞에서 육신과 영혼을 지닌 채 하늘에 오른다. 예수님은 지상생활을 마치고 하늘에 계신 성부의 오른편에 앉는다. 하느님께서는 "모든 권세와 권력과 권능과 주권 위에, 그리고 현세만이 아니라 내세에서도 불릴 모든 이름

위에 뛰어나게 하신 것입니다."[에페 1,21] 예수님께서 승천하는 내용은 하늘과 땅이 분명히 구분되도록 가른다. 만돌라[Mandola, 신성한 하늘과 빛, 그리고 영광을 의미]에 둘러싸인 예수님은 천사들의 시중을 받으며 하늘로 오르고, 지상에는 그 광경을 경이롭게 바라보는 제자들이 있다. 특이한 점은 가운데 푸른 옷을 입은 성모 마리아가 '기도하는 자세'[오란테, Orante]로 등장하고 있다는 점이다. 이는 성모 마리아가 상징적으로 지상의 교회라는 은유적 표현이다.

예수님의 발아래에는 '네 생물의 형상이 나타나'[에제 1,5] 거룩하고 영광스러운 공간인 만돌라를 에워싸고 있다. 요한 묵시록에 따르면 네 생물이 가장 높은 옥좌를 에워싸고 있다고 한다. "첫째 생물은 사자 같고 둘째 생물은 황소 같았으며, 셋째 생물은 얼굴이 사람 같고 넷째 생물은 날아가는 독수리 같았습니다."[묵시 4,7] 사람, 사자, 황소, 독수리는 그리스도교에서 마태오, 마르코, 루카, 요한복음서를 상징한다.

라불라 복음서, 예수 승천, 586년경, 양피지, 라우렌치아나 도서관, 피렌체

마태오 복음서는 인간 삶의 여정인 족보로 시작하기 때문에 사람으로, 마르코 복음서는 요한 세례자의 광야 설교로 시작하기에 광야의 왕 사자로, 루카 복음서는 사제 즈카르야가 지성소에 들어가 분향하는 장면부터 시작하기에 황소로 나타낸다. 또 요한 복음서의 신학이 날카롭고 깊다는 의미에서 요한 복음서는 독수리로 표상된다. 독수리만이 조류 가운데 유일하게 태양을 정면으로 바라볼 수 있는 시력을 지녔기 때문이다. 네 복음서를 발판 삼아 하늘로 오르시는 예수님은 왼손에 두루마리를 들고, 오른손을 들어 아래에 있는 사람들을 축복하신다. 그리고 봉인된 두루마리를 펼치는 예수님의 모습은 그야말로 '권능과 부와 지혜와 힘과 영예와 영광과 찬미를 받기에 합당하신 분'임을 말해주고 있다. 묵시 5,12

마르코의 기적 이야기

베네치아의 최고의 화가 자코 로부스티[1518-1594], 일명 틴토레토는 극적인 빛의 사용과 인물의 과장된 동작과 역동적인 구성으로 마르코의 생애를 그렸다. 짧고 빠른 필치로 그림의 마무리가 부족하다는 비난도 있었지만, 그는 자신만의 독특한 거친 붓 터치와 색채를 사용했다. 틴토레토는 마르코가 사라센 선원을 구하는 사건에서도 많은 인물을 역동적으로 표현하여 성인의 기적을 박진감 넘치게 전달하고 있다.

마르코는 난파한 배의 사라센 선원들을 구해주는 기적을 행했다. 폭풍우가 몰아치는 거센 바다와 검은 먹구름이 뒤덮인 하늘 사이에

틴토레토, **난파된 사라센 선원들을 구하는 성 마르코**, 1562–1566, 캔버스에 유채,
아카데미아 미술관, 베네치아

배는 난파할 당시의 긴박한 상황을 잘 드러내고 있다. 멀리 배 한 척은 이미 뒤집혔고 거기서 바다로 떨어진 사람들은 살려달라고 아우성치고 있다. 앞쪽에 구명선을 탄 사람들도 있지만 그들도 생명의 위험을 느끼기는 마찬가지이다. 이때 하늘에서 마르코가 나타나 사라센 선원을 구한다. 찬란한 빛을 발산하며 붉은 옷을 입은 마르코는 난파한 배의 선원을 끌어올리고 있다. 살아난 선원은 개종하기로 마르코와 약속을 했지만, 그는 곧 맹세를 잊어버리고 만다. 마르코는 선원에게 다시 나타나 맹세를 일깨워 주었고, 사라센 선원은 바로 베네치아로 가서 세례를 받았다고 한다. 그는 세례명을 마르코라고 지었다.

마르코 성인은 복음사가로 잘 알려져 있지만, 이외에 이탈리아 베네치아의 수호성인으로 대중적 인기가 많다. 베네치아의 대성당도 도시의 수호성인인 성 마르코에게 봉헌된 곳이다.

"교회는 온 세상 곳곳에 퍼져 있지만 같은 한 집안에 사는 것과 같습니다. 온 교회는 마치 한 영혼과 한 마음만을 지니고 있듯 이것을 믿고, 또한 흡사 하나의 입만을 가지고 있듯 일치된 목소리로 그것을 전파하고 가르치고 또 전수해 줍니다."

_ 성 이레네오 주교의 저서 『이단자를 거슬러』 중에서

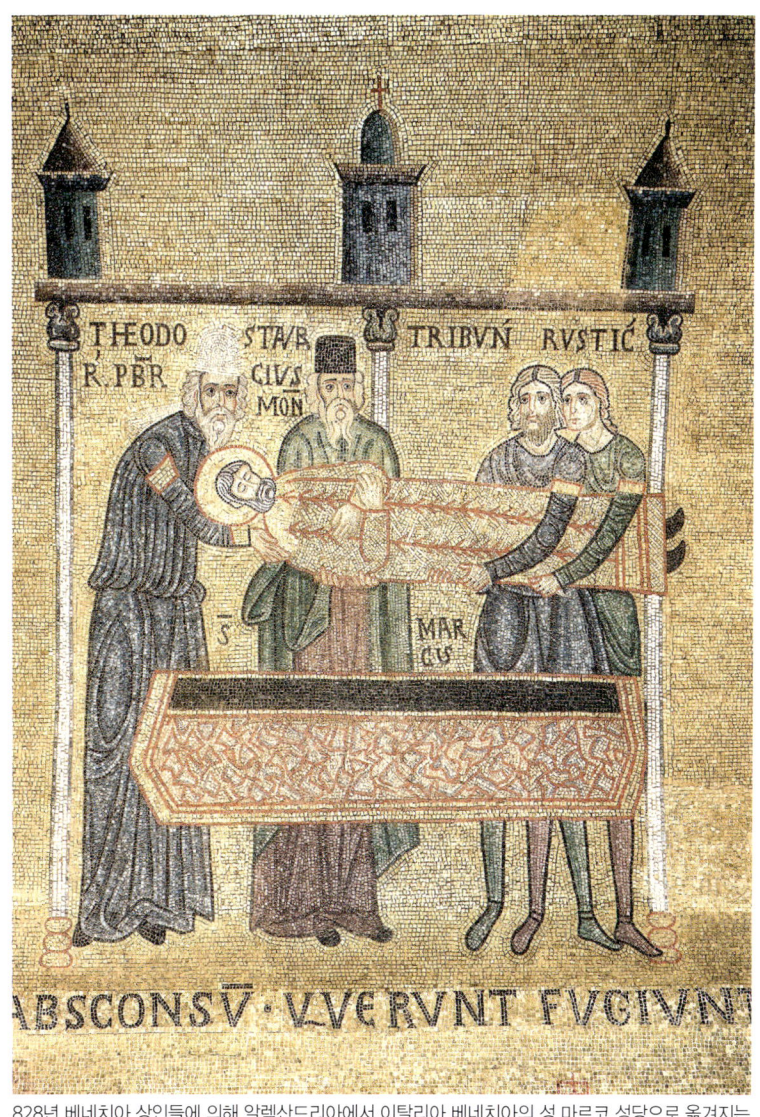

828년 베네치아 상인들에 의해 알렉산드리아에서 이탈리아 베네치아의 성 마르코 성당으로 옮겨지는 성 마르코

화가의 수호성인이며
자비의 복음을 전한 복음사가

성 루카[1세기경]는 신약성경의 「루카복음」과 「사도행전」의 저자로서 성 바오로의 협력자로 알려져 있다. 루카는 성 바오로가 전교 여행을 하는 동안 함께 수행하며, 그곳에서 공동체를 지도하였다고 전한다. 전승에 따르면 그는 안티오키아 출신이었으며 성 바오로는 그를 "사랑하는 의사 루카"[골로 4. 14]라고 불렀다. 루카에 관해 제일 많이 전해 내려오는 이야기는 성모 마리아를 처음으로 그린 화가라는 것이다. 그는 복음서에서 예수 그리스도의 상세한 치유 행적과 성모 마리아의 인격적 모습을 잘 다루고 있다. 루카는 온 일생을 복음 전파에 헌신하다가, 오늘날 그리스의 보에지아[Boezia]에서 84세에 순교했다고 전한다.

비잔틴 정교회의 전승은 루카가 처음으로 성모 마리아 이콘을 그렸다고 전한다. 루카가 직접 그린 성모 마리아 이콘은 안티오키아의 테오필루스에게 전한 것으로 알려졌다. 6세기경 비잔틴 역사학자인 테오도로스 렉토르는 그가 저술한 「교회사」에서 5세기경 테오도시우스 2세의 부인인 황후 에우도키아가 자신의 시누이인 풀체리아에게 주기 위해 안티오키아에서 예루살렘으로 옮겨져 있던 루카가 그린 그림을 콘스탄티노플로 가져온 것이라고 밝혔다.

　　루카의 성모 마리아 그림은 '호데게트리아'Hodegitria, 신을 향해 길을 인도하는 여인이란 뜻라고 불리는 이콘 유형의 하나이다. 성모 마리아와 아기 예수가 곧은 자세로 정면을 향하여 있고 성모 마리아는 아기 예수를 왼쪽 무릎 위에 앉힌 채 그녀의 한 손은 아기 예수를 가리키며 우리의 갈 길을 알려주는 듯 한 형태이다. 아기 예수는 로고스를 상징하는 두루마리를 왼손에 들고 있고, 오른손은 축복을 주는 자세를 취하고 있다. 성모 마리아의 오른손은 가슴 위로 올린 모습으로 기도의 자세를 취하고 있는데, 이는 수여증여의 자세이기도 하다. 그녀는 이 세상에 인간이 되신 하느님의 아들이 누구인지를 보여주고 있는 것이다. 이러한 모습은 '무엇이든지 그가 시키는 대로 하여라.'요한 2. 5라는 성서 구절을 상기시킨다.

　　'호데게트리아' 성모 마리아 이콘의 유형은 843년 이콘 논쟁이 끝나면서 이콘만이 아니라 비잔틴 정교회의 모자이크와 프레스코 벽화에도 널리 확산되었으며, 비잔틴 제국에서 가장 널리 퍼진 이콘 유형의 하나이며 콘스

▶ 디오니시, **호데게트리아**, 1482,
　트레차코프 미술관, 모스크바

탄티노플의 수호 이콘이 되기도 했다. '호데게트리아'라는 이름은 맹인들을 위해 봉사하던 콘스탄티노플 소재 호데곤 수도원, 즉 "길을 인도해주는"이라는 의미를 지닌 수도원에 이 유형의 그림이 보관되었기에 붙여진 것이다. 성모 마리아와 아기 예수의 시선은 이 그림을 바라보고 있는 사람을 향하고 있다. 성모 마리아의 시선은 아기 예수를 향하지 않고 외부를 향하고 있어서 무한을 응시하는 듯한 인상을 주며, 아기 예수의 시선 역시 자신에게 다가올 수난을 예견하듯 먼 곳을 향하고 있다.

루카와 성모자

본명이 '도메니코스 테오토코풀로스'인 엘 그레코[1541-1614]는 〈성모자를 그리는 성 루카〉에서 복음사가 루카와 호데게트리아 유형의 성모 마리아를 중심 모티프로 그렸다. 엘 그레코는 스페인의 톨레도에 정착하여 명성 있는 화가로 활동했지만, 그는 그리스 크레타 섬의 칸디아에서 출생하여 이탈리아로 건너가기까지 크레타 이콘을 그렸다. 그는 그리스 크레타에서는 비잔틴 미술의 전통을 익혔고, 이탈리아에서는 베네치아의 빛과 색채, 매너리즘의 기법과 형식을 습득했다. 그리고 스페인에서는 반종교개혁의 교리와 신비주의 사상 등을 반영한 종교 예술을 표현했다.

엘 그레코가 크레타에서 그린 작품 가운데 하나인 〈성모자를 그리는 성 루카〉는 일부 손상되기는 했지만 루카가 성모자를 그리는 모습임을 확인할 수 있다.

엘 그레코가 그린 이 작품에는 당시 동방과 서구 유럽의 문화가 혼재되어 있으며, 서구 예술에 대한 그의 관심과 놀라운 숙달을 잘 보여주고 있다. 루카의 얼굴과 몸의 일부분이 손상되긴 했지만, 그의 머리 뒤에 황금색으로 묘사된 후광과 그가 입고 있는 옷의 주름 표현은 비잔틴 이콘 형식을 보여준다. 또한 황금빛을 배경으로 인간적인 모습의 호데게트리아 성모 마리아의 표현도 비잔틴 이콘 형식을 갖추고 있다. 이와는 달리 루카가 앉아 있는 의자, 안료 상자를 받치고 있는 작은 의자 그리고 중앙에 월계관과 흰색 리본을 들고 있는 천사의 출현 등의 구성은 서구의 미술요소이다. 이젤의 위치와 그 위에 놓인 성모자상 그림은 안쪽으로 향해 단축되도록 표현하고, 바닥은 대각선으로 나타내어 3차원적인 공간의 깊이를 재현하고 있다.

또한 그림을 비잔틴적 요소로 구성하고 있지만, 색채를 자유롭게 표현하고 있다. 붉은 옷을 입은 루카와 자주색 히마티온을 입은 성모 마리아 사이에는 짙은

엘 그레코, **성모자를 그리는 성 루카**, 1567 이전, 베나키 박물관, 아테네

초록색 옷을 걸친 천사가 자연스럽게 날고 있다. 천사는 성스러운 성모자를 그리고 있는 루카에게 월계관을 씌우려 한다. 그리고 주로 전체 배경을 황금색으로 표현하는 비잔틴 미술의 특징과는 달리 인물과 사물을 제외한 전체적인 배경은 더 이상 황금색으로 나타내고 있지 않다. 벽면과 바닥은 색으로 분리하여 공간의 입체감을 살리고 있고, 그림 그리는 루카의 동작은 하체의 표현을 통해 역동적으로 드러난다. 그의 옷의 굵은 주름과 이젤 위의 성모 마리아 옷에 묘사된 하이라이트는 흰색으로 강조되어 입체감을 더한다. 그리고 그림에서 엘 그레코의 서명은 쉽게 눈에 띄지 않는 독특한 위치에 적혀 있다. 화가는 열려진 안료 상자가 놓여있는 긴 의자의 측면에 '도메니코의 손에 의해EIP ΔOMHNIKOY' 라는 사인을 적어 넣었다.

루카와 붓

　엘 그레코의 후기 작품으로 스페인 톨레도 대성당에 루카를 주제로 그린 것이 소장되어 있는데, 이 작품에서도 비잔틴 미술의 영향을 살펴볼 수 있다.

　최초의 이콘 화가이면서 복음사가인 루카는 자신을 상징하는 붓과 책을 들고 있다. 화가의 모티프가 되는 붓을 쥔 루카와 성모자상이 그려진 책은 빛을 받아 시선을 집중하게 만든다. 펼쳐진 책 위에는 루카가 그린 '호데게트리아'의 성모 마리아가 그려져 있는데 단순하게 표현되어 있다. 반신상으로 표현한 루카는 마치 환영에 빠져 무언가를 바라보는 듯, 신적인 영감에 사로잡혀 고요한 상태에 머물러

엘 그레코, **성 루카**, 1605–1610, 톨레도 대성당, 스페인

있다. 인물 뒤로 어둡게 처리된 배경이 루카 사도에게 비쳐진 빛과
대조를 이루며 인물이 더욱 부각되고 있다.

비잔틴 이콘에서 성인이나 그리스도의 눈은 정면이나 혹은 저 먼

곳의 상부를 향하도록 표현한다. 성스러운 존재의 탈물질화를 우회적으로 표현한 것이라 볼 수 있다. 루카의 표현 방식이 당시 스페인의 신비주의적 영성의 반영일 수도 있겠지만, 엘 그레코는 비잔틴 이콘의 조형언어를 통해 루카의 탈물질화와 초월적인 정신성을 드러내고자 한 것으로도 생각해볼 수 있다.

루카와 황소

루카의 모습은 복음사가로 복음서를 저술하거나 성모자를 그리는 모습 이외에 책과 황소와 함께 자주 등장한다.

이탈리아 화가 구에르치노[1591-1666]는 자연주의적인 화풍으로 섬세하게 루카가 성모자를 그리는 모습을 묘사했다. 커다란 이젤 위에는 거의 완성된 듯한 성모자 그림이 놓여 있고, 루카는 팔레트와 붓을 든 채 자신이 그린 성모자의 초상을 바라보도록 오른손을 들어 가리키고 있다. 상체를 곧게 세운 성모 마리아의 무릎에 아기 예수가 앉아 있다. 성모 마리아의 표정은 다소 엄숙하고 위엄이 있어 보인다. 아기 예수는 오른손을 들어 축복하고 왼손에는 말씀이 적힌 종이를 들고 있다. 붉은 옷을 입고 있는 루카와 성모 마리아 사이의 짙은 초록색 옷을 걸친 천사는 루카의 그림에 빠져든 듯 감상하고 있다.

오른쪽 뒤 탁자 위에는 루카를 상징하는 황소와 복음사가를 의미하는 펜이 놓여 있다. 루카 복음서는 사제 즈카르야가 지성소에 들어가 분향하는 장면부터 시작하기에 황소로 상징된다.

구에르치노, **성모자를 그리는 성 루카**, 1652–1653, 넬슨 아킨스 미술관, 캔자스시티

"선생님을 배었던 모태와 선생님께 젖을 먹인 가슴은 행복합니다." 하고 예수님께 말하였다. 그러자 예수님께서 이르셨다. "하느님의 말씀을 듣고 지키는 이들이 오히려 행복하다."

_ 루카 11, 27–28

요한 세례자

주님의 길을 준비한 광야의 예언자

성 요한 세례자^{1세기경}는 루카 복음에서 "율법과 예언자들의 시대는 요한까지다"라고 기록한 것처럼 예수님이 등장하기 바로 전에 활동하던 마지막 예언자이다. 그는 마리아와 사촌지간인 엘리사벳의 아들이며, 예수님보다 여섯 달 먼저 태어났다. 요한 세례자의 존재는 신앙심이 충만한 늙은 제사장 즈카르야와 엘리사벳이 천사에게 믿을 수 없는 아들의 탄생 예고를 들으면서 드러났다. 이들이 아이를 갖기엔 너무 많은 나이였지만, 요한 세례자는 기적과 같이 출생했다.

구원의 시작을 알려주는 요르단 강에서 구약과 신약의 중요한 역할을 한 그는 유다 사막에서 은수자로 살았고, 30세부터 요르단 강가에서 "하늘나라가 가까이 왔다"고 설교하며 회개의 세례를 베풀었다.

마리아^{예수님}**와 엘리사벳**^{요한 세례자}**의 만남**

갓 태어난 요한 세례자는 마리아의 뱃속에서 뛰어노는 아기 예수를 만났다. 예수님이 하느님의 아들이며 오시기로 약속된 메시아라

궁정학교 화가, **마리아의 엘리사벳 방문**, 15세기, 패널에 유채, 라사로 갈디아노 미술관, 마드리드

는 사실을 알아차렸기에 장차 그가 무엇을 해야 하는지도 깨달았다.

요한은 예수님께서 '하느님의 어린양'이요, '하느님의 아들'이심을 소리 높여 증언한다. 앞으로 큰 일을 이루실 예수님을 위해 그는 기꺼이 준비한다.

마리아와 사촌 간인 엘리사벳은 마리아가 성령으로 예수를 잉태하기 전, 하느님의 은총으로 아기를 갖게 된다. 엘리사벳은 아기를 가질 수 없는 나이였다. 그렇지만, 구세주 예수보다 먼저 태어나 그분의 길을 준비할 사람이 필요했기에 엘리사벳은 그 사람을 낳을 여인으로 선택된 것이다. 엘리사벳의 붉은색 망토와 흰색 베일은 사랑과 믿음을 상징하는 색으로, 그녀는 하느님에 대한 사랑과 믿음으로 임신이 될 수 있었음을 알 수 있다. 그녀는 마리아를 주님의 어머니로 칭했고, 여인들 가운데에서 가장 복되신 분으로 고백한다.

마리아와 엘리사벳의 복부에는 금장식 된 메달 모양이 그려져 있다. 여기에는 두 여인의 자궁 안에 자라고 있는 예수님과 요한 세례자의 태아 모습이 묘사돼 있다. 이러한 도상은 그리스도의 육화를 강조한 표현으로 비잔틴 미술에서 그 기원을 가진다. 왼쪽의 아기 예수는 오른손을 들어 오른쪽에서 무릎을 꿇고 두 손을 모은 요한 세례자를 향해 축복하고 있다. 마리아와 엘리사벳의 만남은 단순히 둘만의 만남으로 끝나는 것이 아니라 예수님과 요한 세례자의 만남으로 연결된다. 두 아기는 몇 개월 사이로 태어나 어린 시절도 함께 보내게 되고 후일 예수님은 요한에게 세례를 받게 되고, 요한은 구세주 예수가 세상에 올 것을 예고하는 예언자가 된다.

▶ 바르톨로메 에스테반 무리요, 어린양과 함께 있는 아기 예수와 요한 세례자, 1670-1675, 캔버스에 유채, 프라도 미술관, 마드리드

광야의 요한 세례자

　많은 화가가 요한 세례자의 일화를 작품으로 남겼다. 가장 일반적인 요한 세례자의 도상圖像은 유년기의 요한, 광야의 요한, 예수님께 세례를 주는 요한 그리고 참수형을 당하는 요한으로 요약해 볼 수 있다. 유년기의 요한은 성경의 내용과 상관없이 아기 예수의 가족과 함께 나타나거나 아기 예수와 정겨운 시간을 보내고 있는 장면이고, 광야의 요한은 짐승의 가죽옷을 입은 모습으로 등장한다. 비둘기 형상

바르톨로메 에스테반 무리요, 그리스도의 세례, 캔버스에 유채, 1655, 베를린 국립미술관

을 한 성령의 출현과 함께 예수님에게 세례를 주는 요한의 모습이나, 요한이 참수형을 당하는 현장이나 요한의 머리가 접시 위에 놓인 요한의 죽음 장면이다.

무엇보다 광야에서 생활한 요한 세례자의 모습은 화가들에게 다양한 상상력을 펼쳐 보일 수 있는 주제였다. '광야의 요한 세례자'의 주제는 화가 시대에 유행과 개성에 따라 자연에 대한 미학적 이론을 토대로 실제 혹은 상상의 풍경으로 그려진다. 광야로 나간 요한 세례자는 거기서 메뚜기와 들꿀을 먹으며 살았다. 매우 비옥한 평야를 가진 요르단 부근이지만, 성경의 묘사에 따르면 그 광야는 차라리 살 수 없는 땅에 가깝다. 그러나 많은 명화名畵에서는 그곳을 매우 쾌적하고 낭만적인 풍경으로 묘사하곤 한다.

네덜란드 화가인 히에로니무스 보스1450-1516는 풍부한 상상력으로 요한 세례자를 묘사했다. 그는 서양미술사에서 가장 신비로움에 싸인 화가로 알려졌으며, 그의 단조로운 삶에 비해 작품들은 상상력이 가득하다. 그림 속에는 신비주의와 공포, 선과 악, 영적인 긴장과 미신, 민중들의 격언, 인문주의적 요소 등이 혼합돼 있다. 보스의 작품에는 중세의 상상력이 넘치는 이야기와 인문주의적 직관이 혼재된 문화를 반영하고 있다.

화가들은 일반적으로 요한 세례자를 넝마 같은 짐승 가죽옷을 입고 흐트러진 머리 모양으로 표현한다. 짐승 털로 만든 옷을 걸치고 형클어진 머리에 십자가형의 막대기를 든 모습으로 그렸다. 보스는 광야에서 요한 세례자가 묵상에 잠겨 있는 모습을 담고 있다. 광야의

히에로니무스 보스, **명상 중인 요한 세례자**, 1489년경, 목판에 유채,
라자로 갈디아노 박물관, 마드리드

풍경은 보스가 창조해낸 상상의 기이한 동식물이 화면을 가득 채우고 있고, 그림 오른쪽 아래에는 앙증맞은 흰 어린양이 앉아 있다. 붉은색 망토를 걸친 요한은 한 손을 머리에 대고 고행을 자처한 사람처럼 손으로 턱을 괴고 앉아 자신의 죄를 고백하는 듯하다. 고독하고 우울한 요한은 앞으로 전개될 그리스도의 수난을 묵상하고 있다. 요한의 붉은색 망토는 피와 희생의 상징이다. 붉은색은 그리스도의 죽음 이후 희생이나 완결 등 긍정적인 대상으로 존중받는 색상이 되면서, 우리가 예수님의 최후의 만찬을 기억하며 마시는 빨간 포도주처럼 그리스도의 피를 상징한다. 따라서 붉은색은 그리스도의 희생과 수난을 의미한다.

광야에서 혼자인 그의 옆에 놓인 기이한 식물 줄기 끝에는 까마귀 한 마리가 앉아 있다. 까마귀는 검은 깃털과 동물의 사체를 먹는 습관 때문에 부정하고 흉조로 전해지지만, 사람에게 유익한 도구, '하느님의 봉사자'로도 의미를 가진다. 곤경에 처한 예언자 엘리야가 아합 왕을 피해 주님의 말씀대로 요르단강 동쪽에 있는 크릿 시내로 가서 머물렀을 때, "까마귀들이 그에게 아침에도 빵과 고기를 날라 왔고, 저녁에도 빵과 고기를 날라 왔다."[1열왕 17. 6] 그림에서 까마귀는 요한 세례자가 "주님의 길을 곧게 내기" 위해 하느님께서 보내신 사람임을 강조하고 있다.

왼쪽 계곡^{요르단강}은 들판을 따라 굽이굽이 이어져 산을 만나고 하늘과 연결된다. 보스의 특별한 상상력은 이국적인 식물과 야생 동물과 다양한 조류의 묘사에서 발휘되고 있다. 요한의 뒤 배경에 풀을 뜯는 사슴은 생명의 하느님을 그리워하며, 만나기를 갈망하는 충실한 신자, 장차 그리스도 안에서 자유를 누리게 될 하느님 백성을 상징한다. 멧돼지는 악마의 힘을 상징한다. 보스의 작품에서 자주 등장하는 선과 악의 반영인 것이다.

　무엇보다 그림에서 우리의 시선을 끄는 것은 앞에 놓인 어린양이다. 고행의 상징인 맨발을 한 요한 세례자는 오른손 검지로 몸을 숨긴 듯한 어린양을 가리키고 있다.

　어린양은 인류를 구원하기 위해 희생하신 예수 그리스도를 상징한다. 그리스도는 하느님의 뜻에 따라 우리의 병고를 대신 지고 자신을 속죄 제물로 온전히 내어놓으신다. 이사 53, 10 어린양은 광야에서 고독하게 묵상하는 요한 세례자에게 사랑스러운 애완용 동물처럼 동반자의 모습으로 등장한다. 또한 그는 마치 우리를 향해 "세상의 죄를

없애시는 하느님의 어린양"요한 1. 29이신 예수님이 하느님께 피의 제
물로 바쳐진 구세주임을 분명하게 제시하고 있는 것 같다.

요한 세례자의 등장은 "하느님께서 보내신 사람"요한 1. 6, "빛을 증
언하는 사람"요한 1. 7, "신랑의 친구"요한 3. 29처럼 예수님의 십자가의 고
통과 죽음을 통하여 예수님이 하느님의 아들이라는 것을 증명시키기
위함이다.

> "너희에게 정결한 물을 뿌려, 너희를 정결하게 하겠다. 너희의
> 모든 부정과 모든 우상에게서 너희를 정결하게 하겠다. 너희에
> 게 새 마음을 주고 너희 안에 새 영을 넣어 주겠다."
>
> _ 에제 36, 25-26

베로니카

예수님의 '참 얼굴'을 전한 여인

전승에 따르면 베로니카[1세기경]는 예수님을 따르는 수많은 무리 중의 한 여인이었다. 예수님께서 골고타[해골산] 언덕으로 십자가를 지고 가실 때 도성 안 모든 사람이 그 광경을 보려 모여들었고, 예수님은 그들에게 야유와 조소까지 받았다. 예수님은 무거운 십자가를 지고 발걸음을 옮기지만, 결국 십자가의 무게를 감당하지 못하고 쓰러지고 말았다. 이때 한 여인이 예수님께 다가와 자신의 머릿수건을 풀어 그분의 얼굴에 맺힌 피와 땀을 닦아 주었다. 그 순간 기적이 일어나 예수님의 얼굴이 여인의 수건에 새겨졌다. 이때부터 이 여인이 베로니카로 알려졌다. 수건에 새겨진 예수님의 머리 뒤로는 금빛으로 십자가가 새겨져 있고, 얼굴은 가시관 때문에 이마에서 피를 흘리고 고통스러운 표정을 짓고 있다.

이 수건에 새겨진 예수님 얼굴은 거룩한 모습으로, '사람의 손에 의해 그려지지 않은 그림', 즉 '아케이로포이에토스'acheiropoïetos의 개념을 촉발했다.

아케이로포이에토스

예수 그리스도의 초상의 시작은 '사람의 손으로 그려지지 않았다.'Acheiropoiëtos, 아케이로포이에토스는 전설과 그로부터 전래된 '베로니카의 수건'이라는 주제이다. 사람의 손으로 그린 것이 아니라 예수님이 직접 자신의 얼굴 모습을 천 위에 남긴 기적을 일컫는다.

작가 미상, **손으로 만들지 않은 구세주**, 12세기, 트레차코프 미술관, 모스크바

비잔틴 교회의 '성스러운 전승Holy Tradition'에 따르면, 최초의 그리스도 모습은 그리스도가 살아있을 때 만들어졌다고 한다. 그리스도의 얼굴성안, 聖顔은 아마포 수건 위에 묻어났다는 의미로 그리스어로 '만딜리온Mandylion'이라 부르지만, 동방정교회에서는 일반적으로 '아케이로포이에토스acheiropoiëtos'라는 명칭을 사용한다. 아케이로포이에토스는 그리스어로 "사람의 손으로 만들어지지 않은"이라는 의미이며, 이 형

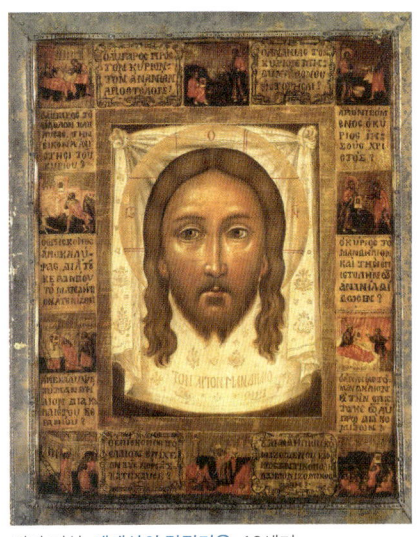

작가 미상, **에데사의 만딜리온**, 18세기

상을 최초의 '진정한 그리스도 얼굴'로 간주했다.

전설에 따르면, '사람의 손으로 만들어지지 않은' 그리스도의 얼굴 도상은 중병에 걸린 에데사의 왕 아브가르의 이야기에서 기인된다. 왕은 신하를 시켜 병자를 치유한다고 알려진 예수 그리스도에게 치료를 부탁하는 편지를 보냈고. 그리스도께서는 그에게 자신의 얼굴이 그대로 드러난 아마포 수건을 대신 보낸 것이다. 이에 아브가르 왕은 이 그리스도의 이미지를 성스럽게 여기며 성벽의 출입구에 걸게 했다. 도시를 보호하는 수호 성물로서 재난에 닥쳤을 때 신의 가호를 비는 대상인 팔라디움의 기능을 맡기도 했다.

이후 아케이로포이에토스의 명칭은 십자가형 후광을 배경으로 한 그리스도의 얼굴의 도상학적 양식으로 지정된다. 그리스도의 도상에 아케이로포이에토스라는 수식어는 하느님의 지고한 위엄과 그분의 절대적인 힘을 강조하는 데 사용된다. 따라서 이 유형의 그리스도의 모습은 초월적 존재의 신적인 면으로 매우 정적이며 위엄 있는 모습으로 그려진다. 이것은 그리스도의 얼굴만 묘사되고, 그리스도 도상들 가운데 중심적 위치를 차지하게 된다. 사각의 십자가가 새겨진 원의 중심에 그리스도는 완벽히 정면을 바라보고 있다. 비잔틴 미학의 규정에 따르면, 이 그림의 중심점은 코 끝 부분에 자리한다. 얼굴 양 측면으로는 타래 모양의 긴 머리가 늘어져 있고, 긴 턱수염은 삼각형 모양으로 가지런히 늘어져 있다. 선명한 윤곽의 눈과 그림자가 짙게 깔린 아치형 눈썹은 시선의 깊이를 더하고, 비대칭의 눈동자 위치는 바라보는 시선을 모든 방향으로 확장시킨다.

4세기 비잔틴 미술에서 아케이로포이에토스 유형은 비잔티움 세계의 가장 중요한 화두였던 그리스도의 성육신과 삼위일체를 상징하기도 한다. 보이지 않는 초월적 존재인 말씀으로서의 로고스가 육화되어 인간 그리스도가 되었듯이 신적 존재인 그리스도의 성스러운 얼굴이 물질적 표상으로 나타날 수 있게 된 것을 보여주는 도상이다.

베로니카의 수건

"베로니카, 수건으로 예수님의 얼굴을 닦아드리다"^{'십자가의 길' 제6처}

베로니카 이야기는 성경에 나오지 않지만, 가톨릭교회에서는 전통으로 받아들이고 있는데, 이는 중세부터 바로크 시기에 이르기까지 지속해서 그려지던 중요한 미술의 주제였다. 일반적으로 화가들은 수건에 새겨진 예수님의 얼굴만 그리거나, 베로니카가 예수님의 얼굴이 찍힌 수건을 들고 있는 모습을 묘사한다. 그리고 베로니카가 무거운 십자가를 지고 가는 예수님의 얼굴에 맺힌 고통스러운 피와 땀을 닦아드린 것을 기억하며 '십자가의 길' 장면과 함께 나타난다.

플랑드르 화가 한스 멤링^{1435경-1494}은 그리스도의 얼굴이 새겨진 수건을 펼쳐 보이는 베로니카를 15세기 북유럽 회화의 감탄할만한 사실주의적 묘사로 우아하고 세련되게 해석하여 표현했다. 이 그림은 본래 두 폭 제단화로 왼쪽은 성 요한의 모습이, 오른쪽은 성녀 베로니카의 모습이 담겨있다.

그림 속 자연풍경은 매우 인위적이지만, 엄격하리만큼 정확하게 묘사적 리얼리즘을 구사하고 있다. 베로니카의 뒤로 굽이굽이 이어

한스 맴링, **성녀 베로니카**(일부), 1483년경, 워싱턴 내셔널 갤러리

진 들판과 산, 푸른 하늘과 연결된 도시는 중앙의 베로니카와 그리스도의 얼굴과 조화를 이룬다. 질서 정연한 공간 속에 화가는 베로니카의 의상을 성모 마리아처럼 붉은색과 푸른색을 입은 연인으로 섬세한 묘사와 함께 상징성을 부여했다.

멤링의 사실주의적 기법은 베로니카가 앉은 바닥에 표현된 풀잎과 꽃 등의 세부 묘사, 머리 수건과 옷 주름과 함께 예수님의 얼굴이 새겨진 수건의 주름 등에서 매우 잘 처리되었다. 그러나 이상하게 베로니카가 들고 있는 그리스도의 얼굴에는 주름의 흔적이 전혀 없다. 마치 주름 접힌 수건에 예수님이 어디선가 나타나 얼굴만 수건 위에 떠 있는 것 같기도 하다. 수건의 주름을 따라 예수님의 얼굴이 구겨져 있다고 상상해보자. 화가는 나름대로 베로니카 수건의 성스러운 기적을 강조하면서 예수 그리스도의 거룩함을 시사하고자 한 것이다. 이 까닭에 화가들이 그린 그리스도의 얼굴은 '성스러운 얼굴'Volto Santo 로도 불린다.

사실과 상징성을 동시에 지닌 풍경과 인물은 세부적인 묘사를 선호하는 북유럽의 감각을 드러낸다. 화가는 우리가 두 눈을 지그시 아래로 향한 베로니카를 따라가면 수건 속 성스러운 존재, 예수님과 만나도록 인도한다.

성스러운 얼굴을 담은 수건

성녀 베로니카가 실존 인물이었는지에 관해서는 정확히 밝혀지지 않았지만, 그녀의 이름을 풀어보면 '참 얼굴'이라는 의미를 담고 있다. 라틴말 '베로니카'는 베라^{vera, 참, 진실한}와 이콘^{icon, 형상}의 합성어이다. 따라서 베로니카의 수건은 '참^{진실한} 얼굴을 담은 천'이라 말할 수 있다. 베로니카가 예수님의 얼굴을 닦은 수건은 로마의 성 베드로 성당에 보관되었으나, 1527년에 신성로마 제국의 황제 카를 5세가 이끈 군대가 교황령의 수도 로마를 침략하여 약탈^{로마 약탈}하면서 소실되었다고 한다.

'베로니카의 수건' 도상圖像은 중세말기 전성기를 맞았으나, 후대 독일의 알브레히트 뒤러, 스페인의 엘 그레코나 수르바란 같은 화가들에 의해 그려졌다. 다만 이들의 작품은 중세의 인간의 애틋하고 친밀한 감정보다는 절제된 감정이 드러난다.

스페인 바로크 최고의 화가를 손꼽으려면 프란시스코 수르바란¹⁵⁹⁸⁻¹⁶⁶⁴을 거명할 수 있다. 대부분 세비야에서 활약했던 그는 오래된 수도원이나 성당에서 의뢰한 작품들을 제작했으며, 많은 작품 속에서 사도나 성인·성녀, 수도사들의 기적이나, 환상·황홀경에 빠진 몽환적 비전과 사실주의적 묘사를 통해 작품을 설득력 있게 표현했다. 특히 수르바란은 이탈리아 바로크 회화의 거장인 카라바조의 사실주의와 테네브리즘^{명암대조기법}에 스페인의 종교적 감수성을 결합하여 최고의 영성 미술을 발전시켰다. 그래서인지 수르바란의 작품에는 화가 자신의 강렬한 종교적 신앙심마저 느껴진다. 그가 그린 베로니카의 수건은 짙은 검은색 벽에 흰색 천이 네 모서리로 고정돼 있다. 이 주제를 말하는 베로니카도 없고, 간혹 수건을 들고 있는 천사들도 배제된 채, 고통스러운 그리스도의 모습이 아련히 남아 있다. 전형적인 바로크 회화의 '눈속임 기법'trompe-l'oeil, 트롱프뢰유, 즉 실물로 착각할 정도로 철저한 사실적

수르바란, 성녀 베로니카의 수건, 1635년경, 스톡홀름 국립 미술관

묘사를 하여 보는 이로 하여금 그리스도의 수난을 더욱 실감나게 한다. 수건에 새겨진 그리스도의 얼굴은 흐릿한 황색의 모노톤으로 핏기라고는 전혀 없이 창백하기 그지없다. 뚜렷하지 않아서 더 애처롭고 쓸쓸해 보이기까지 한 얼굴은 고통스럽게 우리를 바라보고 있다.

"어둠 속에서 빛이 비추어라" 하고 이르신 하느님께서 우리 마음을 비추시어, 예수 그리스도의 얼굴에 나타난 하느님의 영광을 알아보는 빛을 주셨습니다. _2코린 4,6

기도와 묵상

이집트의 안토니오·파도바의 안토니오

모니카·아우구스티노

베네딕토·스콜라스티카

도미니코

아시시의 프란치스코·클라라

토마스 데 아퀴노

이냐시오 데 로욜라·아빌라의 데레사·십자가의 성 요한

사막의 기도자와 사랑의 설교자

우리 주변에서 안토니오 성인의 세례명을 가진 사람들은 종종 접할 수 있다. 성인 목록에서만도 13명 가량이 기록되어 있다. 이들 성인 가운데 이집트의 성 안토니오^{1월 17일}와 파도바의 성 안토니오^{6월 13일}는 예술가들에게 많은 영감의 대상이 되었다.

은수자의 아버지 성 안토니오

동서양을 통틀어 수도생활 창시자로 불리는 이집트의 성 안토니오^{또는 안토니우스}는 이집트의 부유한 그리스도교 가정에서 태어났다. 안토니오는 스무 살이 되던 어느 날, 그는 "네가 완전한 사람이 되려거든, 가서 너의 재산을 팔아 가난한 이들에게 주어라. 그러면 네가 하늘에서 보물을 차지하게 될 것이다. 그리고 와서 나를 따라라."^{마태 19,}
²¹ 라는 부자 청년에 관한 복음 말씀을 듣고 감동하여, 하느님께 자신을 봉헌할 마음으로 자신의 모든 재산을 팔아 가난한 사람들에게 나누어 준 후, 금욕적인 수도생활을 시작했다.

안토니오는 이집트의 고향 근처 산을 찾아다니며 은수자의 지도를 받으며 독수 생활을 시작했다. 312년, 마을에서 멀리 떨어진 산기슭에 있는 빈 무덤 동굴에 거처하며 15년 동안 기도와 성서 읽기에 전념했으며 노동도 빼놓지 않았다. 그 후 나일 강 끝에 위치한 피스피르Pispir 산 속 버려진 요새에서 혼자 살면서 은둔생활과 기도생활을 했다. 안토니오의 뛰어난 성덕과 기적을 듣고 그의 제자가 되고자 찾아온 사람들의 집단이 여러 곳에 생겨났다. 이런 이유로 그는 수도생활의 창립자와 은수자의 수호성인으로 불린다.

사막은 성서적으로 하느님과 만나는 고요한 동경의 장소였지만, 마귀들의 서식지이기도 했다. 안토니오가 기도를 시작하면 온갖 맹수와 뱀의 환영이 그를 괴롭혔기에 마귀의 유혹을 극복하며 악마와 싸워야 했다. 어느 날, 악마는 멧돼지의 몸을 빌려 그에게 나타났지만, 기도로 그 악마를 쫓아내고 그 멧돼지를 길들였다고 한다. 그래서 이집트의 성 안토니오는 종종 멧돼지를 동반하고 나타난다.

이집트의 성 안토니오의 도상圖像은 은수자의 옷을 입고 T자형 지팡이를 든 모습과 종을 들고 있거나 멧돼지를 데리고 있는 모습, 유혹을 받는 모습이다. 예술가들에게 가장 영감을 불어넣은 것은 안토니오가 오랜 시간 금욕적적이고 고행적인 삶 속에 나타난 악마의 유혹이었을 것이다. 악마는 많은 예술작품에서 기이한 모습과 형태의 생물체로 드러난다.

네덜란드 화가인 히에로니무스 보스1450년경-1516의 작품에서처럼 수도복 차림을 한 안토니오는 손에 십자가를 꽉 쥔 채 기괴한 생명체

히에로니무스 보스의 앙베르 학파, **성 안토니오의 유혹**, 1510년경, 코레르 시립미술관, 베네치아

로 가득한 공간에 앉아있다. 그의 앞에는 악마가 금으로 치장한 발가
벗은 여인들이 그를 유혹하도록 이끌고 있다. 화가는 상상 속의 풍경
에 최대의 상상력을 발휘하여 이상한 생명체들을 통해 선과 악을 빗
대어 표현하고 있다. 안토니오는 배경 가득히 메운 이상한 괴물같이
생긴 생명체의 무리 속에서 꿋꿋이 믿음을 지키고 있다.

또 다른 화가 다비트 테니르스[1610-1690]의 작품에서도 온갖 기이
한 모습의 동물과 인간의 모습으로 둔갑한 악마는 금욕과 금식 생활
을 하는 안토니오에게 음식으로 유혹하고 있다. 그럼에도 불구하고
믿음과 굳은 의지와 기도로 무장한 안토니오는 악마를 물리친다. 보

스의 작품과는 달리, 다비트 테니르스의 작품에서는 기괴한 생명체의 등장과 더불어 십자고상 앞에 놓인 여러 가지 정물이 눈에 띈다.

십자고상 앞에는 당시 17세기 북유럽 화가들이 정물화에서 '헛되고 헛되니 모든 것이 허무하다Vanitas vanitatum et omnia vanitas'는 바니타스를 상징하는 해골, 모래시계, 도자기 화병, 서책 등의 오브제가 놓여

다비트 테니르스, 성 안토니오 아빠스의 유혹, 1640년경, 루브르 박물관, 파리

있다. 이는 물질세계에 대한 반성과 죽음에 대한 성찰의 알레고리를 함축한 것이다.

바니타스 도상은 16-17세기 네덜란드와 플랑드르, 후에 유럽 전역에서 정물화 장르가 발전하며 출현했다. 정물화의 수많은 하위 장르 중에서도 바니타스 도상은 교훈적·종교적 의미로 인해 두드러진 위치를 차지한다. 재물의 축적 또는 현세적 쾌락에 탐닉하는 것이 아니라 그리스도교도의 도덕 원칙을 따라 삶에서 영원한 구원을 얻고자 하는 복음적 요구는 다양한 상징물을 그리는 것으로 나타났다. 이

아드리안 판 위트레흐트, **해골과 꽃다발이 있는 바니타스 정물**, 1642년경, 개인 소장

를테면 시계·모래시계는 시간의 한정과 소멸을, 서책·예술가의 도구인 붓, 빨레트, 이젤 등은 인간의 지적 한계 및 예술적 탐닉의 덧없음을, 도자가로 된 병은 흘러가는 인생의 덧없음을, 보석·거울·비단은 부귀영화의 덧없음을, 꽃·악기·동전은 쾌락의 덧없음을, 얼마 남지 않은 촛불, 날개를 편 나비는 존재의 일시성을, 사람의 두개골은 피할 수 없는 죽음을, 먼지는 모든 인간의 기원과 종말을 나타냈다.

수도복을 입은 안토니오는 동굴에서 십자가에 매달린 예수님 상 앞에서 두 손을 모은 채 기도에 전념하고 있다. 안토니오가 지닌 유일한 무기는 "십자성호와, 주님을 향한 단단한 믿음뿐"이였다.

"항상 그리스도를 호흡하라"_「안토니오의 생애」 91, 3

설교가 성 안토니오

파도바의 성 안토니오[1195~1231]에 관해서는 잃어버린 물건을 찾을 때 그에게 기도하면 곧바로 물건을 찾는다는 이야기로 잘 알려져 있다. 안토니오의 책을 훔쳐 달아났던 어떤 수련자가 안토니오의 기도로 그에게 다시 돌려주었다는 이야기에서 기인한 것이다. 다른 전해지는 이야기로는 이탈리어 방언으로 파두padoue는 "포장도로"pave를 뜻하는데, 또한 유실물을 의미하기도 한다. 이러한 말장난 덕에 유실물 보관소의 수호성인으로 여겨지게 되었다.

안토니오는 '파도바의 안토니오'라는 호칭과는 달리 1195년 포르투갈의 리스본의 귀족 집안에서 태어났다. 이탈리아의 파도바는 그가 활동한 곳이다. 어린 시절에 부모님의 깊은 사랑과 훌륭한 종교교육을 받고, 기사도 정신을 갖춘 청년으로 자란 그는 1210년 아우구스티노 수도회에 입회했다. 이후 모로코에서 다섯 명의 프란치스코회 수사들의 순교를 목격한 안토니오는 그들의 순교에 감동하여 1220년에 아시시의 성 프란치스코 수도회의 수사가 되었다. 안토니오는 아프리카로 선교를 가던 중 건강이 좋지 않아 이탈리아로 이주하여 그곳에서 대학의 신학 교수가 되었다. 또한 아시시의 포르치운쿨라에서 작은형제회 총회 때 우연히 강론하게 됨으로써 그가 설교에 탁월한 능력을 갖췄다는 것을 발견하게 되었다. 이 때문에 안토니오는 프라치스코 수도회에서 설교로 복음을 전파하는 것이 주된 임무였다. 그의 놀라운 화술과 설득력은 사람들이 하던 일을 멈추고 모두 그의 설교를 들으러 몰려들 정도였다. 그는 가난과 참회에 대해 설교 하며, 가난한 이들의 수호성인답게 방종한 부자들을 꾸짖고, 신분이 낮고 천한 사람들, 가난한 사람들을 위로했고, 이단자를 개종시키는 데 큰 역할을 했다.

파도바의 성 안토니오는 일반적으로 프란치스코 수도회의 수사의 모습으로 그려지며, 그리스도에 대한 사랑을 상징하는 불타는 심장 이 묘사되거나 정결의 상징인 백합이나 그가 성경의 지식이 해박하 다는 의미인 책과 그 위에 앉은 아기 예수가 함께 등장하기도 한다. 이러한 주제들 가운데 가장 많이 표현되는 도상은 안토니오가 동정 마리아와 아기 예수를 환시로 체험한 이야기이다. 프란치스코 수도 복과 세 개의 매듭이 있는 띠를 착용한 안토니오는 아기 예수를 안고 있는 모습으로 나타난다.

17세기 스페인 회화의 황금 시기를 대표하는 바르톨로메 에스테 반 무리요[1617-1682]의 작품처럼, 프란치스코 수도복장을 한 안토니오 는 한 손에 정결의 상징인 백합을 들고 성경책 위에 앉는 아기 예수 를 안고 있다. 화가 무리요는 일상생활의 장면이나 풍속을 강조한 작 품과 그의 생애 절반을 프란치스코 수도회와 가까이하며 신실한 믿 음을 드러내는 종교화를 많이 남겼다. 풍부하고 서정적인 종교적 색 채가 짙은 그의 작품 속에서 이상화된 아름다움과 감성적인 인간미 를 매우 사실적으로 묘사했다. 안토니오가 허리를 숙여 아기 예수를 안으려는 모습 같지만, 오히려 양팔을 벌린 아기 예수가 안토니오를 자신의 가슴에 품으려하는 사랑스러움이 더 강하게 보인다.

무리요, 아기 예수와 함께 있는 성 안토니오, 1668–1669년경, 세비야 미술관, 스페인

더욱이 안토니오는 '기적의 성인'이라 불릴 정도로 여러 기적을 보였다. 이 까닭에 화가들은 그가 기적을 행하는 모습을 빈번하게 주제로 등장시키곤 한다. 예컨대, 안토니오가 소년의 절단된 다리를 회복시켜 주거나, 성체 앞에 서 있는 노새의 무릎을 꿇게 하는 장면이다. 그리고 안토니오가 물고기들에게 설교하니 물고기들이 줄을 지어서서 그의 설교를 경청하는 모습도 그려진다.

이탈리아의 북부에서 활동한 화가 필리포 아비아티[1640-1715]는 안토니오가 노새에게 성찬식을 베풀고 있는 이야기를 묘사했다. 이교도인 노새 주인이 성체가 그리스도의 현현이라는 것을 믿지 않았기 때문이다. 사흘 동안 굶은 노새에게 성체를 주었으나, 노새는 성체 앞에 무릎을 꿇었으며 준비된 먹이에는 관심을 보이지 않았다. 안토니오는 손에 성체를 모시고 있고, 노새 주인은 그릇에 담긴 성체를 먹이려 하나, 노새는 무릎을 꿇고 예를 갖추고 있다. 노새는 오랫동안 굶은 뒤라 당연히 먹이를 먹어야 했으나 그러지 않았다. 이렇게 그의 기적은 설교를 뒷받침해주는 역할을 했다.

파도바의 안토니오는 생애 마지막까지 『강론집』을 저술하다가 1231년 6월 13일에 수종병을 얻고 36세의 나이로 세상을 떠났다. 다음해에 성인품에 올려졌고, 1946년에는 교회박사로 선포되었다.

> "오! 사랑하올 천상 의사이신 성 안토니오여, 무수한 병자들이 당신의 전달로 건강을 회복하오니, 죄로 상처받은 내 영혼을 고쳐주시고 악한 경향을 바르게 하소서."
>
> _ 성 안토니오께 드리는 13일 기도 중에서

필리포 아비아티, **파도바의 성 안토니오와 노새의 기적**, 1710년경, 교구박물관, 밀라노

모니카·아우구스티노

기도와 회심의 여정을 이끈
어머니와 아들

어머니의 수호성인 성녀 모니카

성 아우구스티노354-430의 어머니로 더 잘 알려진 성녀 모니카332-387는 331년 북아프리카 튀니지의 조그만 마을 타가스테Tagaste 에서 그리스도인 부모에게서 태어났다. 모니카에 관한 이야기는 대부분 아우구스티노의 『고백록』에 나온다. 아들아우구스티노의 글에 따르면, 모니카는 그리스도교도 어머니의 귀감이 될 만한 여인이었다.

모니카는 22세에 부모님이 골라준 이교도 남편 파트리시오와 결혼했다. 그녀의 남편은 어려운 가정형편에다 난폭하고 방탕한 기질에 상당히 권위적이기까지 했으며, 더욱이 모니카의 시어머니는 까다로운 성격에 경건한 책보다는 독한 술을 더 좋아했다. 그러나 그녀는 끊임없는 기도와 인내로 부도덕하고 난폭한 행실의 남편과 음주벽이 심한 시어머니를 한결같은 정성으로 모셨다. 모니카의 오랜 인내와 헌신은 남편과 시어머니를 회개시키고 신앙의 길로 이끌었지만, 그다음 해에 남편을 잃게 된다.

이후 모니카는 별 어려움 없이 2남 1녀의 자녀 중 둘을 개종시켰지만, 그녀의 장남인 아우구스티노 때문에 언제나 노심초사였다. 성실한 다른 두 자녀와는 달리 아우구스티노는 세례를 받기는 했으나 그리스도교 신자에 어울리지 않는 방탕한 삶을 살고 있었다. 아우구스티는 30대에 그리스도교로 개종하기 전까지, 마니교와 이교 철학에 심취해서 실질적으로 그리스도교 신앙을 거부했다. 항상 아들 때문에 마음 아파하던 모니카에게 밀라노의 주교 성 암브로시오는 "용기를 내십시오. 그토록 아들을 위해 눈물을 흘렸으니, 그는 절대 잘못되지 않을 것입니다"라고 말하며 그녀를 위로했다고 한다. 암브로시오의 말에 용기를 얻은 모니카는 포기하지 않고 더욱 열심히 기도했다.

베노초 고촐리, **성녀 모니카**, 1464 – 1465, 성 아우구스티노 성당, 산지미냐노

한편, 아우구스티노는 여러 지역을 다니면서 교사 생활을 하던 중

밀라노에서 암브로시오 성인의 설교에 큰 감동을 받게 된다. 하지만 아우구스티노는 계속 명예나 재산, 결혼 등의 세속적 욕망으로 내적 갈등을 겪었다. 그러던 어느 날 정원을 산책하던 중 "집어서 읽어라"라는 신비로운 소리가 들려 성경을 펼친 곳이 로마서였다. "흥청대는 술잔치와 만취, 음탕과 방탕, 다툼과 시기 속에 살지 맙시다."로마 13. 13 그때부터 아우구스티노는 사제로, 주교로 성직에 전적으로 헌신하고 설교하며 지속해서 연구하며 종교적 과업을 수행하는 모범적 삶을 살았다. 아우구스티노의 회개와 어머니 모니카의 기나긴 아들을 위한 기도와 희생은 아우구스티노를 모든 이단과 그릇된 세속적 생활을 벗어나게 하였다.

화가들은 이러한 어머니^{모니카}와 아들^{아우구스티노}의 관계를 주제로 많이 그렸으며, 모니카의 모습은 베네치아 화가의 작품에서처럼 아들 아우구스티노와 함께 있는 어머니로 자주 표현된다. 천상과 지상으로 나누어진 제단화에 천상에는 성인들이 금빛 찬란한 천상의 영광 속에 줄지어 선 채, 성부를 향하고 있다. 전통적인 흰 턱수염이 있는 노인의 모습을 한 성부는 양팔을 벌려 자비롭게 성인들을 환대하고 있다. 지상에는 성모자를 중심으로 모니카와 아우구스티노가 서 있다. 아우구스티노는 주교복과 지팡이를 들고 교회의 학자임을 상징하는 책을 들고 있다. 모니카의 상징은 십자가와 아우구스티노 수도회의 검은 수도복으로 그녀는 검은 수도복을 입은 채, 한 손에는 십자가를, 다른 한 손에는 아들이 저술한 수도 규칙서를 들고 있다.

▶ 작가 미상의 베네치아 화가, **성모자와 성 아우구스티노와 성녀 모니카**, 16세기, 오그니산티, 펠트레

모니카는 아내요, 며느리요, 어머니로서의 많은 고통과 시련을 눈물의 기도로써 주님께 의지하며 인내했고, 아들 아우구스티노를 은총의 삶으로 돌아올 수 있도록 동반해주었다. 그녀는 평소 죽어서 남편과 함께 묻히고자 했으나 "내 몸뚱이야 어디다 묻든지 그 일로 조금도 걱정들 말거라. 한 가지만 너희한테 부탁한다. 너희가 어디 있든지 주님의 제단에서 날 기억해다오"*「고백록」 9권 11장*라는 유언을 남기고 눈을 감았다.

주교학자 성 아우구스티노

그림에서 아우구스티노 성인은 일반적으로 연구에 몰두하는 주교의 모습으로 서재를 배경으로 책을 든 모습 혹은 그가 말하는 '신의 국가'로 도시의 모형을 들고 있는 모습으로 나타난다. 15세기 그림에는 아우구스티노의 주변에 어린아이를 데리고 있거나 조개껍데기가 그려진 경우도 자주 볼 수 있다. 이것은 화가들에게 가장 흥미를 유발한 아우구스티노의 환시 내용으로, 그가 해변을 걷다가 한 어린아이를 만나는 장면이다. 조개껍데기로 바닷가의 물을 퍼내고 있는 어린아이를 향해 아우구스티노가 쓸데없는 일이라고 지적하자, 어린아이는 그를 향해 삼위일체의 신비를 이해하려 하는 당신보다 쓸데없는 일을 하는 사람은 없을 것이라고 대답했다고 한다. 17세기 이후에는 아우구스티노의 가슴이 불타고 있거나 가슴에 화살이 관통한 모습으로 그려지기도 했다. 화가들은 그의 종교적 열정을 심장을 쥐고 있는 모습으로 그렸거나, 삼위일체를 명상하는 그의 모습을 강조

필립 드 샹파뉴, **성 아우구스티노**, 1645–1650, 로스앤젤레스 뮤지엄

하기 위해서 세 개의 화살이 심장을 관통한 것으로 표현하기도 했다. 또한 아우구스티노가 독립적으로 그려진 모습도 많지만, 교회의 다

미하엘 파허, **네 명의 교부학자**, 1483년경, 알테피나코테크, 뮌헨

른 세 명의 학자성 예로니모, 성 그레고리오, 성 암브로시오와 함께 서 있거나, 그의 어머니 모니카와 함께 등장하기도 한다. 때로 그가 가죽 벨트가 달린 검정 겉옷을 입고 규범집을 든 모습으로 나타나는데, 이 규범집은 후에 공동체 삶을 유지하는 하나의 규칙으로 채택되었다.

이렇듯 다양한 모습으로 그려진 아우구스티노를 미하엘 파허[1435-1498]는 그를 어린아이와 함께 등장시켰다. 독일의 후기 고딕 양식 화가이자 조각가인 미하엘 파허가 제작한 이 그림은 브레사노비 근처에 위치한 노바첼라의 아우구스티노 대수도원을 위해 제작한 장엄한 제단화이다.

서방 가톨릭교회의 4대 교부학자를 그린 제단화에는 성 아우구스티노와 다른 세 명의 교부학자 성 예로니모, 성 그레고리오, 성 암브로시오가 나란히 그려있다. 파허는 독일 화가로는 드물게 당대 이탈리아 북부 르네상스 미술의 실험적인 원근법 사용에 깊은 인상을 받았다. 좁은 벽감에 각각의 성인은 안정적인 거리감을 만들어내는 원근법을 통해 좁은 공간 속을 깊이 있게 묘사되었다. 왼쪽부터 차례로 성 예로니모, 성 아우구스티노, 성 그레고리오, 성 암브로시오가 재현돼 있다. 예로니모는 사자 발에서 가시를 **빼**주었다는 일화로 묘사돼 있으며, 그레고리오는 연옥에 있는 트라야누스 황제의 영혼을 구제해주고 있다. 그레고리오 성인이 죽은 영혼의 구원을 위해 기도했을 때 응답해주신 체험을 했다고 한다. 암브로시오 성인은 요람에 누운 어린 시절의 자신과 함께 있다. 전설에 따르면, 암브로시오가 아기였을 때 꿀벌들이 날아와 입술에 단물을 묻혀줬고 그의 아버지는 이걸 보고 아들이 장래 유능한 연설가가 될 것을 알았다고 한다.

두 번째 주교 복장을 한 아우구스티노는 왼손을 들어 삼위일체의 숫자 3을 표시하고 있다. 그가 체험한 환시를 나타낸 것으로, 그의 곁에 어린아이가 있는 것처럼, 해변에서 만난 아이를 통해 삼위일체의 신비를 이해하게 되었다. 왼쪽에 놓인 책은 아우구스티노의 학자로서의 상징물로 그와 책 사이에 날고 있는 비둘기는 성령으로 그의 저서에 영감을 불어넣고 있음을 보여준다. 아우구스티노 성인은 교회의 가장 위대한 교부이자 교회학자로서 고백록, 신국론 등 세상을 떠나기 전까지 수많은 신학 저서를 남겼다.

"대낮에 행동하듯이, 품위 있게 살아갑시다. 흥청대는 술잔치와
만취, 음탕과 방탕, 다툼과 시기 속에 살지 맙시다." _ 로마 13, 13

베네딕토·스콜라스티카

거룩한 대화와 기도로 이어진 남매

'서양 수도원의 아버지'라고 불리는 성 베네딕토⁴⁸⁰⁻⁵⁴⁷는 480년경 이
탈리아의 노르치아의 귀족 가문에서 태어났으며, 그의 쌍둥이 누이
동생은 성녀 스콜라스티카⁵세기 말경이다.

베네딕토는 로마에서 교육을 받은 후, 무절제로 흥청거리는 도
시 생활의 삶에 충격을 받고 하느님만을 모시고 홀로 살아가기로
마음먹고, 동굴에 들어가 금욕생활을 하기로 했다. 그는 기도할 장
소를 찾다가 마침내 로마의 동쪽에 위치한 수비아코의 인적이 드
문 한 동굴에서 3년 동안 은수자 생활을 했다. 베네딕토의 동굴에
서의 생활은 그를 처음 이곳으로 안내해준 로마노가 줄 끝에 매
달아 아래로 내려주는 빵으로 연명하며 하루하루를 보냈다. 침묵
하며 기도에만 열중한 그의 성덕을 따르려는 사람들이 수비아코
로 몰려들었고, 여러 수도원을 설립했다. 후일 베네딕토 성인은 로
마 남쪽 몬테 카시노로 이주해 대수도원을 설립하고 수도생활을
시작했다. 이곳에서 서양 수도 생활의 헌법이라고도 불리는 『수
도 규칙』을 저술했다. 베네딕토의 "일하고 기도하라ora et labora"라

는 핵심 주제를 둔 규칙서는 모든 수도원의 지침서로 활용되었다.

'서양 수도원의 아버지' 성 베네딕토

베네딕토 성인의 모습은 수도회의 규율집이나 목장을 들고 있고, 뱀이 든 성작, 빵을 문 까마귀, 지팡이, 막대기 다발 등과 함께 나타난다. 지팡이와 뱀이 든 성작은 다른 수도원 수사들이 베네딕토의 엄격한 규율에 반대하여 독을 먹였다는 이야기에서 유래한 것이다. 그는 지팡이와 뱀이 든 성작을 사용하여 수사들을 꾸짖었다고 전한다. 또한 그에 관한 많은 이야기가 작품으로 구체화 되었다. 주제로는 성인이 악마에게 유혹을 받는 장면이나 기적 내용이 담긴 이야기가 단연 많다. 그가 기도하던 동굴로 줄에 매단 음식을 넣어주는 모습이나, 유혹에서 벗어나기 위해 가시덤불 위를 구르는 모습, 부서진 체를 수리한 기적 이야기 등이다. 빵을 만들려고 밀가루를 체질하려다 체를 떨어뜨려 부서진 것을 보고 울고 있는 베네딕토의 유모를 위해서 그가 부서진 조각들을 모아 놓고 기도를 올렸는데, 체가 완전히 수리되었다는 내용이다.

이탈리아 화가이자 카말돌리 수도회의 수사인 로렌초 모나코[1370년경-1425년경]는 성모의 대관식을 주제로 한 제단화에 여러 성인의 모습을 국제고딕 양식의 장식적인 느낌과 우아하고 곡선적인 요소가 뚜렷한 형태로 나타내고 있다. 성모의 대관식을 그린 다폭 제단화 아래 작은 프레델라[제단의 장식띠]에는 베네딕토의 기적 이야기들이 그려있다. 그 가운데 그가 호수에 빠진 한 사제를 구하는 이야기와 그의 동생

로렌초 모나코, **성 베네딕토(일부)**, 1414, 패널에 템페라, 우피치 미술관, 피렌체

스콜라스티카 성녀를 만난 이야기가 한 장면에 묘사되어 있다.

화면 왼쪽은 물에 빠진 사제를 구하는 장면으로, 왼쪽 위, 의자에 앉은 베네딕토는 제자에게 축복을 주고, 가서 물에 빠진 사제를 구하도록 말하고 있다. 그의 말에 따라 물에 빠진 이를 구하기 위해 호수로 다가갔고, 물 위로 걸어 그 사제를 구해 낼 수 있었다. 화가는 한 장면에서 같은 인물을 두 번 나타내어, 이야기를 서술적으로 진행하고 있다. 제자는 베네딕토에게 호수에 빠진 사람을 구하라는 명령을 듣고 바로 물이 출렁이는 호수 위에서 앉아 몸이 물에 반쯤 잠겨 허우적거리는 사람을 구하고 있다.

그림 오른쪽에는 베네딕토의 동생인 스콜라스티카가 그와 이야기를 나누는 장면이다. 그녀가 1년에 한 번 오빠와 만나려고 하는 날,

그녀는 성령의 특별한 예시를 받고, 오래지 않아 자신이 세상을 떠나게 되리라는 것을 알았다. 마지막 만남이 있던 밤, 스콜라스티카는 수도원으로 돌아가려는 오빠에게 밤 새워 영적생활과 무궁무진한 천상의 행복에 관해 이야기를 나누고자 했으나, 오빠는 수도원의 규율을 어길 수 없어 돌아가려고 했다. 그러나 지금까지 맑았던 하늘이 갑자기 흐려져 심한 폭풍우가 닥쳤다. 이때 오빠는 그녀에게 "하느님께서 너의 뜻을 허락하셨구나" 말하며 "무엇을 했냐?"고 물으니, 스콜라스티카는 "오빠는 귀담아 들어주지 않았지만, 주님은 자기 말을 귀담아 들어주었다"고 대답했다. 화가는 베네딕토 수녀회의 검은 수도복을 입은 그녀를 오빠와 밤새 이야기할 수 있도록 자신의 뜻을 두 손 모아 기도하는 듯한 모습으로 묘사하고 있다. 수도원 밖 지붕 위로는 어두운 하늘에 비바람이 몰아치고 있다.

그 후 3일째 되는 날, 베네딕토는 수도원에서 기도하던 중 얼핏 창밖을 내다보니 동생 수도원에서 백색으로 빛나는 비둘기 한 마리가 하늘로 올라가는 것을 보았고, 즉시 천국으로 향하는 동생의 영혼임을 확신했다. 이 까닭에 스콜라스티카의 상징물은 비둘기가 되었다.

'베네딕토 수녀회의 첫 번째 수녀' 성녀 스콜라스티카

교황 성 그레고리오 1세가 쓴 『이탈리아 교부들의 생활과 기적에 관한 대화집』에서 베네딕토의 생애를 기록하면서 스콜라스티카의 신성함을 증명하는 많은 기적적인 사건을 설명하고 있다. 남매는 두 수도원의 가운데 있는 한 집에서 1년에 한 번씩 정기적으로 만났다.

작가 미상, **스콜라스티카 성녀의 죽음과 장례식**, 장 드 스타벨로의 채색 세밀화, 15세기, 콩테 미술관, 샹티이

스콜라스티카는 오빠와 함께 자매들을 지도하는데 필요한 도움과 마음의 양식을 나눌 담화를 나누곤 했다. 이렇게 그녀와 오빠와의 밀접한 관계 이야기는 그림으로도 표현된다. 화가들은 그녀의 모습을 대부분 오빠와 함께 나타내고 있다.

지롤라모 투로파, **성 베네딕토와 성녀 스콜라스티카와 함께 있는 로사리오의 성모**, 1692,
마리아 델 포폴로 성당, 치타두칼레, 이탈리아

이탈리아 화가 지롤라모 투로파[1636-1710]의 작품에서도 살펴볼 수 있듯이 로사리오의 성모는 아기 예수와 함께 성인 각각에게 묵주를 건네주고 있다. 베네딕토회 수도복 차림의 베네딕토와 스콜라스티카는 성모자를 경외하는 모습으로 바라보고 있다. 왼쪽에 베네딕토 발 아래에는 부리에 빵을 물고 있는 까마귀가 있는데, 이것은 그가 동굴에서 기도할 때 까마귀가 그에게 먹을 것을 준 것에 기인한 것이다. 한편 오른쪽에 스콜라스티카는 두 손을 가슴에 올려 하느님에 대한 믿음을 보이고 있다. 스콜라스티카의 아래에 아기 천사는 한 손에 비둘기를 들고 있는데, 그녀가 죽은 후 베네딕토 성인이 보았다는 동생의 영혼을 상징하는 비둘기이다. 마치 스콜라스티카가 천상에 오른 것처럼 그림은 천상의 분위기를 자아내고 있다.

스콜라스티카 역시 오빠 베네딕토와 같이 어려서부터 하느님을 두려워하며, 공경하는 마음을 간직하면서 자랐다. 아름다웠던 그녀가 나이가 차자 많은 청년 귀족이 청혼했지만, 그녀는 혼담을 물리쳤다. 그 까닭은 이미 스콜라스티카는 오빠와 같이 일생을 하느님께 봉헌하기를 원했기 때문이었다. 그녀의 깊은 신심에 탄복한 아버지는 그녀의 수도 생활을 허락하게 되었다. 그녀는 자기 몫의 재산을 가난한 사람들에게 나누어주고, 오빠의 수도원이 있는 몬테 카시노에 작은 초막을 세우고 오빠에게 지도를 받으며 기도 생활을 시작했다. 점차 스콜라스티카와 함께 수도생활을 하고자 하는 여성들이 모여들었다. 베네딕토는 이미 자신의 대수도원에서 실행해 온대로 여동생의 수도원에도 일정한 회칙을 주었다. 이렇게 베네딕토 수녀원이 설립되었고, 스콜라스티카는 이 수녀회의 첫 번째 수녀이자 원장이 되었다. 그녀는 말과 행동으로써 덕행의 길을 걸으며, 언제나 모범적인 신앙생활로 자매들에게 감동을 주었다고 한다.

"기도하고 일하라"ora et labora

도미니코

묵주기도의 전파자

베아토 안젤리코, 성 도미니코(페루지노의 제단화 일부), 1437, 움브리아 국립미술관, 페루지아

스페인 칼라루에가에서 태어난 도미니코 [1170-1221]는 어린 시절 사제였던 숙부에게 교육을 받았고, 그 후 팔레시아 대학교에서 인문학과 신학을 공부하고 사제품을 받았다. 그가 여행하던 중 알비파의 이단 사상을 처음 접하고 자신의 소임이 알비파 신자들을 다시 교회와 화해시키는 일임을 깨닫게 되었다. 이 목적을 위해 도미니코는 설교수도자

유이스 보라싸, **가론 강에서 순례자들을 구조하는 성 도미니코**, 1415, 산타 클라라 수도원, 바르셀로나

공동체를 설립하여 기도와 선교, 특히 학문과 설교에 중점을 두었다. 그가 설립한 새로운 도미니코 수도회는 일명 설교자회로 1217년 교황 호노리오 3세의 승인을 받았다. 도미니코회는 가난한 그리스도와 설교하는 그리스도를 본받아 설교를 통해 인간 영혼을 구원하는 것을 강조하며 실천해 나갔다. 그는 이러한 수도회의 청빈과 지성적 삶

을 살다가 헝가리 순회 선교 중 얻은 병으로 생을 마감했다.

그림 속에서 도미니코는 수도회의 검은색과 흰색 옷을 입고 등장하는데, 그의 이마에는 별이 붙어 있거나 옷에 별이 수 놓여 있다. 별은 도미니코의 어머니 꿈에 이마에 별을 달고 있는 아직 태어나지 않은 자신의 아기를 보았다는 이야기에 기인한 것이다. 또한 그는 순결의 상징인 백합이나 성경, 처음으로 묵주기도의 전통을 전해주어 묵주를 들고 있는 모습으로 등장한다. 그리고 도미니코가 선교활동 중 많은 기적을 행하는데, 그가 콤포스텔라로 성지순례를 가던 중 가론 강에서 난파한 순례자들을 구한 일화는 예술가들의 상상력을 자극하는 주제가 되었다.

1537년 이탈리아 마체라타 도시에 있는 친골리 Cingoli의 성 도미니코 성당의 도미니코회에서는 성당 보수작업을 하면서 로렌초 로토 1480년경-1556에게 제단화를 주문했다. 베네치아 출신의 다채로운 화풍의 화가 로토는 성모에게 묵주를 받는 도미니코의 모습을 그렸다. 15세기 이후 이탈리아 회화에서 성모자를 주제로 다룬 작품에서는 성인들이 성모자를 둘러싸고 있는 회화적 표현이 많이 등장했다. 이를 '사크라 콘베르사치오네 Sacra Conversazione'라고 부르며 '성스러운 대화'란 뜻을 가진다. 로토의 작품 〈로사리오의 성모〉에서도 여러 성인이 중앙의 성모자를 중심으로 대칭으로 자리 잡고 있다.

맨 오른쪽부터 베로나의 성 베드로 도미니코회, 머리에 순교를 상징하는 칼을 꽂고 붉은색 십자가를 쥠, 시에나의 성녀 카타리나 도미니코회 제 3 회원, 동정의 상징 백합, 오상五傷 받음을 상징하는 십자고상, 무릎을 꿇고 있는 성 엑스수페란시오 주교 복장, 이 지역 친골리도시 모형을 바침 수호성인이 있다. 맨 왼쪽에는 성녀

로렌초 로토, **로사리오의 성모**, 1539, 성 도미니코 성당, 마체라타 친골리, 이탈리아

마리아 막달레나향유병, 탁발 수도회의 수호성인, 성 빈첸시오 페레리오도미니코회
는 오른손 검지로 나무 울타리에 매달린 묵주의 신비 메달을 가리키
며 로사리오의 신비와 신앙인들에게 하느님을 향한 길에 관해 설교
하는 듯하다. 그리고 맨 앞에 검은색과 흰색의 도미니코 수도복을 입
은 도미니코는 무릎을 꿇고 있다.

도미니코는 생동감 넘치는 동작으로 두 팔을 높이 펼쳐 들며 성모
가 이단을 이기도록 주는 묵주를 받으려 한다. 성모의 뒤에 짙은 나
뭇잎으로 가득한 장미 덩굴에는 15개의 메달이 달려있다. 중세의 생
명의 나무를 연상케 하는 로사리오의 신비를 나타내는 장면은 왼쪽
에서 오른쪽으로, 아래에서 위로 표현돼 있다. 첫 번째 줄: 환희의 신비, 두 번
째 줄: 고통의 신비, 세 번째 줄: 영광의 신비 성모자 아래는 "하느님의 어린양이시
다"Ecce Agnus Dei라고 적힌 띠가 감긴 십자가를 든 아기 요한 세례자는
손으로 아기 예수를 가리키고, 두 명의 귀여운 날개 달린 천사는 바
구니에 담긴 로사리오의 상징인 장미꽃잎을 흩뿌리고 있다.

도미니코회를 비롯한 탁발 수도사들의 영향으로 13세기 이후 로
사리오는 널리 퍼졌으며, 유럽 전역을 휩쓴 흑사병, 전쟁, 기근 등, 중
세의 혼란스러운 상황 속에 성모 신심을 불러일으키며, 로사리오의
기도도 널리 확산하였다.

"모후이시며 사랑이 넘친 어머니! 우리의 생명, 기쁨, 희망이시
여."_성모 찬송 중에서

가스파르 드 크레이어, 성 **도미니코**, 1655년경, 프라도 미술관

성 도미니코는 순결과 참회를 상징하는 흰색 튜닉에 검은색 망토의 수도복을 입고 있다. 이마의 별은 도미니코의 어머니 꿈에 이마에 별을 달고 있는 아직 태어나지 않은 자신의 아기를 보았다는 이야기에 기인한 것이다. 별은 신성한 지혜를 상징한다. 손에는 묵주와 백합을 쥐고 있다. 묵주기도를 처음으로 전해주었기 때문이다. 개를 데리고 있거나 개가 입에 횃불을 물고 있는 모습은 도미니코가 설립한 공동체의 명칭이 '신들의 개들'을 의미하는 라틴어 'Domini canes'와 유사한 이유이다.

가난을 사랑하고 십자가를 따른 두 거룩한 벗

이탈리아 아시시에서 태어난 두 성인 프란치스코와 클라라는 한국 가톨릭 신자들에게 매우 익숙한 이름일 것이다. 이탈리아 성지순례를 가면 빠지지 않고 가는 곳이 아시시이기 때문이다. 프란치스코와 클라라의 관계는 영적인 아버지와 딸의 관계로 이야기되며, 클라라는 일생동안 그를 '우리의 거룩하신 아버지 프란치스코'라고 부르기도 했다. 프란치스코와 클라라는 그리스도께 대한 열렬한 사랑과 자발적 가난을 공통의 복음적 실천으로 영적인 우정 관계를 이루었다.

'작은 형제' 성 프란치스코

성 프란치스코[1182-1226]는 이탈리아 움브리아 지방의 작은 도시인 아시시에서 부유한 상인 집안에서 태어났다. 부유층 자제로 태어나 성장한 그는 가난한 이들에게도 관심은 많았으나, 부유한 상인이나 기사가 되려는 야망도 가지고 있었다. 그러나 그는 1205년에 뿔리아 원정대에 입대를 위해 가던 길에 결정적인 환시를 체험하고 아시시

로렌초 로토, 산에 있는 성 프란치스코 제단화(일부), 1526, 패널에 유채,
제시 시립 미술관, 마르케, 이탈리아

로 돌아갔다. 이때 그는 기사의 꿈을 포기하고 새로운 삶을 살기 시
작했다. 그는 로마에서 순례하던 중, 성 베드로 대성당에서 구걸하는
걸인들을 보고 일생을 가난한 이들을 위해 살겠다고 다짐했고, 성 다
미아노 성당의 십자가에서 그리스도의 환시를 체험한 후, 하느님의
부르심을 확실히 인식했다. 이후 프란치스코는 철저히 그리스도와
하나가 되고자, '그리스도를 따름'의 여정 안에서 충실히 그리스도의
복음적 삶을 살아갔다. 그의 삶에 감동하여 함께 생활하고자 하는 동
료들이 잇따랐고, 동료들의 수가 증가함에 따라 이들이 실행해야 할
간단한 '생활양식Forma Vitae'을 썼다. 그리고 1209년 교황 인노첸시오

보나벤투라 베를링게, 성 프란치스코의 생애, 제단화,
1235년경, 페시아

작자 미상, 성 프란치스코와 그의 삶, 13세기 전반, 피
스토이아 시립박물관

작자 미상, 성 프란치스코의 생애, 13세기 후반,
산타 크로체, 바르디 경당, 피렌체

3세는 '작은 형제^{사회적 지위가 가장 낮은 신분을 의미}'로 그들의 생활양식을 인준했다. 이때부터 수도회 형제들은 여러 지방과 유럽의 다른 나라와 심지어는 무슬림들이 있는 곳까지 가서 설교를 시작할 수 있었다.

이러한 프란치스코의 생애는 이콘이나 프레스코로 제작되어 성당을 방문하는 많은 순례자에게 프란치스코에 대한 신심을 이끌어내고 그가 그리스도의 후계자라는 부분을 시각적으로 드러냈다. 최초의 프란치스코 제단화는 보나벤투라 베를링게리^{1210년경-1287}가 1235년에 그린 〈성 프란치스코의 생애〉이고, 13세기 전반에 그려진 피스토이아 시립박물관의 〈성 프란치스코와 그의 삶〉이 있다. 또한, 13세기 후반에 제작되어 현재 피렌체 산타 크로체 성당에 내 바르디 경당의 〈성 프란치스코의 생애〉 제단화가 있다. 바르디 경당의 이콘 제단화 중앙에는 프란치스코가 오상^{五傷}을 입은 채로 왼손에 자신의 생각을 담은 책을 쥐고 있고, 오른손 손가락은 축복을 주는 모습이다. 양측면에는 그의 생애에서 유래되는 사건들과 그의 죽음 전후에 행한 중요한 일화들이 그려있다. 사실상 이것들은 모두 전기를 다룬 제단화화로 항상 볼 수 있는 것이 아니라 전례상 필요한 날에만 사용되었다. 그러나 조토^{1266/76-1337}는 아시시의 성 프란치스코 대성당의 상부 성당에 〈성 프란치스코의 생애〉¹²⁹⁶⁻¹³⁰⁴를 성당 내의 신랑 벽 전체에 프레스코화를 제작하였다. 따라서 언제든 성당을 찾는 순례객들이 성인의 삶을 이미지로 볼 수 있다.

조토가 프란치스코의 생애를 아시시의 성 프란치스코 대성당의 상부 성당에 그린 것은 총 28장면으로 사각형 틀 안에 같은 크기와 같은 높이로 보나벤투라^{St. Bonaventure, 1217-74}가 쓴 『아씨시의 성 프란

조토, 새들에게 설교함, 1239−1253, 프레스코, 성 프란치스코 대성당, 아시시

치스꼬 대전기』에 기록한 것 중, 주요한 28개의 사건을 선택하여 시간 순서대로 묘사했다. 마치 순례자가 보나벤투라의 전기를 읽는 것처럼 〈성 프란치스코의 생애〉 프레스코화를 통해 성인의 생애를 읽을 수 있도록 제작되었으며 성인에 대한 수도회의 교육적 의도가 담겨 있다.

프란치스코가 새들에게 설교하는 장면에서도 그리스도의 복음적 삶을 그대로 따르려는 그의 모습을 화가의 사실적 묘사로 나타낸다. 이것은 프란치스코의 일화들 가운데 피조물들과 나눈 형제적 사랑을 나타낸 것이다. 그가 피조물들과 교감하는 신비적 사건인 새들에게 설교하고 있는 장면은 피조물에 대한 그의 특별한 사랑을 보여준다. 프란치스코는 약간 허리를 굽히고 새들에게 설교할 뿐 아니라 오른손을 들어 축복까지 하고 있다. 그는 하느님이 창조한 세상을 다시 축복하고 있다. 그의 전기를 쓴 첼라노가 "프란치스코는 창작가이신 하느님을 찬미하였다. 피조물들에게서 무엇을 발견하든 그는 그것을 창조주와 관련시켰다. 그는 아름다운 사물들 안에서 아름다움 자체를 보았다. 모든 사물들이 그에게는 선이었다. 그 사물들은 '우리를 만드신 분은 가장 좋으신 분입니다'라고 그에게 외쳤다"라고 기술한 것처럼, 프란치스코에게 이 세상은 하느님의 창조물로서 하느님의 선과 미를 보여주는 표상이었던 것이다. 화가는 프란치스코에게 날아와 모여들고 있는 새들을 통해 그를 사랑이 가득한 아버지의 모습으로 묘사하고 있다.

'가난한 부인회'의 성녀 클라라

"빛"이란 뜻을 가진 성녀 클라라[1194-1253]는 이탈리아 아시시의 귀족가문에서 태어났다. 그녀는 1212년 성지주일에 프란치스코의 설교와 그의 철저한 금욕과 극기 생활에 감명을 받고, 그의 모범을 따라 모든 세속적인 재산을 버리고 수도생활을 결심했다. 클라라는 프란치스코를 영적 아버지로, 그의 작은 싹으로 생각하며 항상 그의 높은 덕을 존경했다. 여자 수도원을 세우지 않았던 프란치스코는 바스티아 근방의 베네딕토 수도원에 클라라를 머물게 했다. 이후 그녀는 다른 친구들과 함께 프란치스코가 마련해준 성 다미아노 성당을 본거지로 공동체가 마련되었고, '가난한 부인회'가 탄생했다.

클라라는 새로운 공동체의 수도원장이 되었고, 모든 성인이 그랬던 것처럼 그녀는 자기 자신에 대해서는 엄격하면서 아래 수녀들에 대해서는 자비로운 어머니같이 인자했다. 그래서 클라라의 덕을 본받고 그 지도를 바라며 각지에서 모여드는 소녀들이 증가했다. 일체의 물건이나 재산을 소유하지 않고 애궁에 의존하며 살았던 수도회에 클라라의 어머니와 여동생도 극빈한 생활에 동참했다. 그녀는 회칙에 의하여 수입을 목적으로 하는 사업은 금지되어 있었고 당시 다른 어느 수도회보다 엄격하고 가난한 생활을 했던 공동체를 하느님께 모든 것을 의탁하며 이끌어 갔다. 클라라는 가난한 생활양식과 관상기도를 통하여 그리스도와 일치를 이루는 내적 충만함과 거룩한 사랑의 일치를 이루는 삶을 실현했다.

클라라는 생전에 기도와 강복으로 중환자를 기적적으로 완쾌시키거나, 빵 한 개로 많은 수녀를 배불리 먹이는 기적 등을 보여줬다. 특히 1240년 독일의 황제 프리데리코 2세와 동맹한 사라센 군대가 아시시에 침입했을 때, 그녀는 성당에 들어가 제대 앞에 엎드려 "주님, 저는 당신께서 사랑하는 동정녀들을 보호할 힘이 없습니다. 하오니 당신이 직접 그 전능하신 힘으로 그들을 보호하시어 적의 손에 넘기지 말게 해주십시오" 하며 성광을 모시고 천천히 사라센 군인들 앞으로 향했다. 그러자 성광에서 기이한 빛이 발산하여 적군들은 그 빛을 두려워하며 도망쳤다. 이 때문에 그녀의 주요 상징물 가운데 성광이 있고, 등불이나 초롱불 등이 그녀를 그린 작품에 묘사되곤 한다.

시모네 마르티니, **성녀 클라라**, 1317, 프레스코, 아시시의 프란치스코 대성당

조세파 데 오비도스, **아기 예수를 경배하는 아시시의 성 프란치스코와 성녀 클라라**, 1647,
호제 리코 컬렉션, 리스본

조세파 데 오비도스[1630-1684]의 작품인 〈구유에 누운 아기 예수에
게 경배하는 성녀 클라라와 성 프란치스코〉에서 클라라 옆에 붉은
색으로 장식된 성광이 보인다. 그녀의 전기를 보면, 1252년 성탄 밤
에 그녀는 아기 예수께 경배하고 싶었으나, 건강이 좋지 않아 움직일
수 없었다. 그러나 그녀는 침상을 떠나지 않고도 2km나 떨어진 성
프란치스코 대성당의 성탄 전야 미사를 환영으로 보며 참석할 수 있
었다. 또한 프란치스코가 세상을 떠났을 때 그녀의 수녀원을 떠나지
않고 장례식 장면을 환영으로 보았다. 이러한 이유로 클라라는 텔레
비전의 수호성인이 되었다.

클라라는 작은 동굴 속에 마련된 구유 위, 아기 예수께 양팔을 벌려서 기도하는 자세로 아기 예수가 오심을 기쁨으로 경배하고 있다. 화가는 복음적 삶을 관상생활로써 실행하도록 비추어준 그녀의 스승이요, 영적 아버지인 프란치스코를 함께 그렸다. 프란치스코는 오상의 성흔이 새겨진 손을 가슴에 얹고 경건하게 아기 예수께 경배하고 있다. 화가는 두 성인이 아기 예수께 경배하는 장소를 프란치스코가 은둔생활을 했던 그레치오를 배경으로 했다. 성탄절에 말구유를 만드는 풍속이 이곳에서부터 출발했기 때문이다. 프란치스코가 그레치오에서 은둔생활을 하던 중 성탄 시기에 그곳 성당에 베들레헴의 외양간을 본뜬 마구간을 만들었다고 한다.

"우리는, 저 놀라운 산 위에서처럼, 그분 안에서 본 그분의 모범에 따라 최선을 다해야 합니다. 그러므로 고요를 멈추고 일하기 위해 세상으로 나가는 것이 하느님을 기쁘시게 해드리는 것 같습니다." _ 보나벤투라의 「아씨시의 성 프란치스꼬 대 전기」

토마스 데 아퀴노

신학과 이성을 조화시켜
거룩한 학문을 세운 스승

교회학자 성 토마스 데 아퀴노

토마스 데 아퀴노^{또는 토마스 아퀴나스, 1225-1274}의 〈신학 대전〉과 성서의
계시와 고대 이성을 조화시키며 사상사에 가져온 그의 특별한 개혁
에 대해 들어보지 못한 사람은 거의 없을 것이다. 하지만 이러한 학
자로서의 명성 뒤에는 자신의 임무를 수행하기 위해 겪었던 고통스
럽고 어려운 상황들도 있었다. 그가 성인의 반열에 오를 수 있었다는
것은 그가 훌륭한 저자만큼이나 모범적 삶을 살았다는 증거이다.

그리스도교 철학자로 가장 영향력 있는 학자 토마스 데 아퀴노는
이탈리아의 로카세카^{Roccasecca}의 귀족 가문에서 태어났다. 그는 가족
의 완강한 반대가 있었지만, 1244년 도미니코 수도회에 입회했다. 아
들이 가족을 위해 봉사하지 않고 종교에 헌신한다는 것을 허락할 수
없었던 가족은 수도원을 들어가기로 결심한 그를 납치해 로카세카에
있는 집안 소유의 성에 가두기까지 했다. 게다가 단념시키기 위해 매
력적인 하녀들이 그의 시중을 들도록 했다. 토마스 데 아퀴노는 기도

로 여인들의 유혹을 물리쳤으며 끊임없이 기도했다. 마침내 가족들은 그가 파리의 대학으로 유학을 가도록 허락했다.

1245년부터 프랑스 파리 대학과 독일 쾰른에서 성 알베르토의 제자가 되었고, 사제품을 받은 그는 신학박사 학위를 받고 신학 교수로 활동하였다. 1274년 초 그레고리오 10세 교황의 부름을 받아, 제2차 리옹공의회로 향하던 중 이탈리아 포사노바^{Fossa Nuova}의 시토회 수도원에서 병사하였다. 토마스 데 아퀴노는 수도자로, 철학과 신학에 관해 평생 학문과 저술에 매진했다. 그는 기념비적인 〈신학 대전〉을 비롯해 후대에 위대한 저서를 많이 남겼다. 그 결과로 1567년에는 영광스럽게 '교회학자^{Doctores ecclesiae}' 칭호를 부여받게 되었고, 이후 모든 대학교와 대학, 그리고 학교의 수호성인으로 선언되었다.

말없는 황소

그림에서^{다음 페이지} 토마스 데 아퀴노 성인의 모습은 다부진 체구에 주로 도미니코 수도회의 흰 수사복과 검은 망토를 입은 전신상으로 그려진다. 그의 상징으로는 스페인 바로크 미술의 대표화가인 프란시스코 데 수르바란^{1598~1664}이 그린 작품에서처럼, 서방교회의 교회학자들이 하늘에서 설교하는 토마스 데 아퀴노를 둘러싸고 있는데, 그는 신성한 지식과 가르침을 상징하는 태양 또는 별을 가슴에 달고 많은 저작을 나타내는 펜을 들어 올려 보이고 있다. 그리고 영성의 비둘기가 그의 머리 위에 날고 있다. 때로는 황소가 그의 상징으로 그려지는데 그의 별명이 '말 없는 황소'였기 때문이다. 그의 스승인

프란시스코 데 수르바란, **성 토마스 데 아퀴노의 신격화**, 1631, 세비야 미술관, 스페인

알베르토 성인은 "언젠가는 이 황소가 그의 울음으로 전 유럽을 뒤흔들 것"이라고 예언했었다. 영리하고 머리가 컸던 토마스 데 아퀴노는 중세의 큰 획을 그었다.

진실의 입

그러나 무엇보다도 토마스 데 아퀴노 성인의 많은 이야기 중 예술가들에게 상상력과 영감을 가장 불러일으킨 것은 그가 뿌려 싹을 틔운 신학사상일 것이다.

이탈리아 피사의 성녀 카타리나 성당 제단화인 〈성 토마스 아퀴나스의 승리〉^{다음 페이지}는 그를 신학자와 철학자로서의 면모를 입체적으로 잘 나타낸 작품이다. 그림에서 토마스 데 아퀴노는 도미니코 수도회 복장을 한 채, 손에 책을 잡고 있다. 그를 둘러싸고 있는 인물들로부터 받은 빛은 책을 통해 다시 퍼져나가고 있다. 그가 들고 있는 책은 하느님의 말씀을 상징한다.

토마스 데 아퀴노의 위에는 그리스도가 자리하고, 그 아래는 성 베드로, 성 바오로, 네 명의 복음사가가 있다. 맨 위, 그리스도는 오른손을 들어 축복하시고, 당신의 말씀이 든 책을 오른손에 들고 계시지만, 빛줄기를 통해 당신의 말씀을 직접 입에서 사도들에게 전달하고 있다. 그리스도의 오른쪽 발아래에는 검을 든 성 바오로가 자리하고 있으며, 그 옆으로는 인간 삶의 여정인 족보로 시작하기 때문에 사람으로 표상된 마태오 복음사가 있다. 이어서 황소로 상징된 루카 복음사가가 있는데 이는 루카 복음서가 사제 즈카르야가 지성소에 들어가 분향하는 장면부터 시작하기 때문이다. 그리스도의 왼쪽 발아래에는 성 베드로가 있고, 그의 옆으로 요한 복음사가가 독수리와 함께 있다. 요한 복음서의 신학이 날카롭고 깊다는 의미에서 독수리가 요

리포 멤미, 프란체스코 트라이니, **성 토마스의 승리**, 1340년경, 목판에 템페라,
성녀 카타리나 성당, 피사, 이탈리아

한 복음사가로 표현된다. 요한 옆에 마르코 복음사가는 요한 세례자의 광야 설교로 시작하기에 광야의 왕이라 할 사자와 함께 묘사되어 있다. 이들 모두는 그리스도의 말씀이 담긴 책을 펼쳐 성인을 향하고 있고, 그곳에서 발산하는 빛줄기는 성인의 머리에 머무른다.

토마스 데 아퀴노의 양 옆에는 아리스토텔레스와 플라톤이 자신들의 학설을 기록한 책을 들고 있고 발산된 빛줄기는 토마스 데 아퀴노와 연결된다. 이것은 토마스 데 아퀴노가 성경의 계시와 고대 이성을 조화시킨다는 의미이다. 반면, 그의 발아래 아랍 학자 아베로이스는 위치로 볼 때 토마스 데 아퀴노는 아베로이스의 사상을 반박하고 있다. 토마스 데 아퀴노는 아리스토텔레스 철학을 중심에 두고, 반대사상과의 논쟁 속에서 자신의 학문적 입장을 확립했다.

결국, 하늘에서부터 내려온 그리스도의 말씀은 토마스의 신학적 체계를 통하여 땅에 뿌리내리게 된다. 이러한 그의 사상은 그의 발아래 있는 평신도, 수도자, 학자 등 다양한 계층에게 영향을 미치고 있음을 알 수 있다. 그들이 시선은 바닥에 누워 있는 아베로이스에게는 눈길조차 주지 않은 채 토마스 데 아퀴노의 책으로부터 발산된 빛을 향하고 있다. 빛을 발하는 펼쳐진 책에는 "내 입은 진실을 말하고 내 입술은 불의를 역겨워한다."^{잠언 8, 7}라고 적혀 있다.

> "여러분이 세상의 것을 멸시하는 모범을 찾고 있다면, "왕 중의 왕"이시고 "주님 중의 주님"이신 분을 따르십시오."
>
> _ 아퀴노의 성 토마스 사제의 강의록 중에서

이냐시오 데 로욜라·아빌라의 데레사·십자가의 성 요한

근대 가톨릭 영성의 횃불이며
수도회의 개혁자들

16세기 스페인은 종교적 영성이 가장 높았던 시기로, 로마의 교황청을 중심으로 한 가톨릭 종교개혁의 결과인 트리엔트 공의회 외에도 스페인에서는 자체적으로 가톨릭을 내부에서 개혁하고자 하는 움직임이 있었다. 그 예가 아빌라의 성녀 데레사와 십자가의 성 요한 등에 의해 더욱 널리 퍼진 신비주의적인 신앙과 수도원과 병원 등을 건립하여 사회 복지에 힘쓰고자 했던 분위기와 성 이냐시오 데 로욜라가 세운 예수회가 일반 신자들의 교육에 힘썼던 것 등이다.

'예수의 동반자' 성 이냐시오 데 로욜라

성 이냐시오 데 로욜라[1491-1556]는 스페인 바스크 지역의 귀족 출신으로 궁정인이 되기 위한 교육을 받았지만, 궁정인의 꿈을 접고 군대에 입대했다. 군인이 된 그는 전쟁에서의 부상으로 고통과 시련을 겪었으며, 병상에서 『그리스도의 일생』과 성인전을 읽고 감동받고 깊은 신앙체험을 했다. 이후 이냐시오는 인생의 향로를 완전히 바꾸게 되었다. 늦은 나이에 신학 공부를 시작했고, 46세에 사제가 되었고, 동료들과 예수회를 설립하고, 오랫동안 수도회 총장을 맡았다.

이냐시오는 기도와 영적 경험을 토대로 『영신 수련』 등 많은 저술과 젊은이들을 교육하고 해외 선교 사업을 펼치는데 헌신했다. 또한 당시 루터의 종교개혁에 맞서 가톨릭교회개혁에 앞장섰으며, 고아, 환자, 가난한 이들 등 어려운 처지에 놓인 사람들을 돌보며 일했다. 로욜라는 당시 로마에서 유행하던 열병에 걸려 1556년 7월 31일 로마에서 선종했다.

로마 예수회의 성 이냐시오 성당에는 바로크 천장화 특유의 놀라운 공간 확대를 보여주는 〈성 이냐시오의 영광〉^{다음 페이지}이라는 환상적인 장면이 있다. 예수회 사제이자 화가로 활동한 안드레아 포초^{1642~1709}가 그린 것으로 교회의 거대한 공간에 상당한 상상력과 화려함이 돋보이는 원근법을 적용한 작품이다. 실제로는 평평한 천장이지만 벽과 이어져 있는 그림은 마치 천장이 열리고 끝없이 높은 천상의 하늘로 곧바로 연결되는 듯한 착시 효과를 보인다. 천장화의 정점에는 빛의 근원인 예수님께서 커다란 십자가를 들고 있고, 그의 오른쪽에는 성부와 성령의 비둘기가 자리하여 삼위일체의 상징을 드러낸다. 부활한 예수님은 오른팔을 벌려 왼쪽에 천사들이 떠받치는 구름을 타고 올라오는 이냐시오를 향해 내려오고 있다. 왼쪽 중앙의 한 천사는 이냐시오로부터 발산되어 밝게 빛나는 예수님 이름^{IHS}이 새겨진 방패를 들고 있어 예수님의 이름과 예수회의 이름을 높이 드러내고 있다.

안드레아 포초, **성 이냐시오의 영광**, 1691–1694, 성 이냐시오 성당, 로마

그림 중심부에 이냐시오로부터 네 가닥으로 퍼져나가는 빛은 화가가 그려 넣은 건축구조들에 아시아, 아프리카, 아메리카, 유럽이라고 쓰인 네 모서리까지 이른다.

왼쪽 아래 아시아는 낙타를 쓰고 터번을 쓴 사람으로 나타내고, 왼쪽 위 유럽은 홀을 들고 있는 여인으로 의인화되었다. 오른쪽 아래와 위는 각각 아메리카와 아프리카로 원주민들의 복식과 인종을 표현하여 당시 유럽이 제3세계와 접촉하고 있던 시대상을 반영하고 있다. 이 천장화에는 성 이냐시오 데 로욜라가 창설한 예수회의 전 세계적 선교사업의 사명감이 하나의 메시지로 표현돼 있다.

아빌라의 성녀 데레사

'대 데레사'로도 불리는 아빌라의 성녀 데레사 1515-1582는 스페인 아빌라의 귀족 집안에서 태어났다. 그녀는 신심 깊은 부모님의 영향을 받았고 어려서부터 성인전을 즐겨 읽으면서 하느님의 은총과 사랑을 잘 받아들일 수 있는 자신의 내면을 가꾸어 나갔다. 19세 때 가르멜 수도회에 들어간 그녀는 평생을 완덕完德의 길에 정진하며 수도회의 발전을 위한 개혁 의지를 추진하면서, 가르멜회 내에서 많은 어려움에 맞닥뜨렸지만, 오로지 주님께 매달리며 곤경을 이겨 나갔다. 그녀의 자서전 『천주 자비의 글』에서는 그리스도를 만나는 신비적 체험, 환시, 고통, 심장의 꿰뚫음 등 내적 회심을 경험한 것에 관해 기록하고 있다. 아빌라의 데레사가 여러 번 환시를 보고 신비스러운 음성을 들었던 것은 그리스도의 사랑을 알고 스스로 자신의 영혼을 열었기 때문일 것이다.

아빌라의 데레사는 항상 기도로 주님과 만났다. "기도란 자기가 하느님에게 사랑받고 있다는 것을 알면서 그 하느님과 단둘이서 자주 이야기하면서 사귀는 친밀한 우정의 나눔입니다." 그 후, 그녀는 가르멜의 초기 규칙대로 엄격한 규율을 준수하는 수도생활을 하고자 뜻을 같이하는 4명의 수녀와 엄격한 수도생활로 돌아갈 것을 강조하는 '맨발의 가르멜회'를 시작하면서 아빌라의 성 요셉 수녀원을 창립했다.

바로크 화가 미켈란젤로 언터베르거[1695-1758]는 아빌라의 데레사의 신비적 체험을 묘사했다. 그녀는 고난 받는 예수님에 대한 깊은 체험을 통해 하느님의 사랑을 깨달으며 영적 여정의 전환점을 맞이했다. 맨발의 가르멜 수도복을 입은 데레사에게 천사는 그녀의 가슴에 화살을 꽂으려 한다.

전기에 따르면, 어느 날 데레사는 천사의 창으로 가슴이 찔리는 환시에 빠지는데, 그 순간 몸에 고통의 전율이 느껴지면서 주님의 사랑을 체험했다. 화살은 사랑의 상처를 가시화한 상징이다. 그림과 같이 불꽃처럼 타오르는 화살로 그녀는 온몸에 경련이 일어날 정도로 육

미켈란젤로 언터베르거, **아빌라의 성녀 데레사의 환시**, 1745–1750년경,
브레사노네 교구 박물관, 이탈리아

체적으로 고통스러웠겠지만, 하느님에 대한 강렬한 사랑의 희열도 동반되었다. 데레사의 몸과 표정은 영적 환시에 도달한 모습으로, 무릎을 꿇고 있지만, 손과 발은 이미 힘을 잃어 축 늘어져 있고 그녀의 온몸을 천사에게 맡기고 있다. 하늘에서는 성부, 성자, 성령의 모습이 구름 위에서 성녀를 바라보고 있다. 아빌라의 데레사와 하느님이 교감을 이루고, 그녀는 하느님의 뜨거운 사랑을 몸소 체험하고 있다.

가르멜 수도회 십자가의 성 요한

16세기 교회 학자로서 가르멜 수도회의 개혁자였던 십자가의 성 요한[1542-1592]은 스페인의 아빌라 근교 폰티베로스 마을에서 세 아들의 막내로 태어났다. 어린 시절 극심한 생활고를 경험한 그는 가르멜 수도원에 입회한 후, 신학과 철학을 공부하고 사제서품을 받았다. 그는 당시 가르멜 수도회의 부패와 안일에 회의를 가지던 중, 가르멜 수녀회의 개혁에 착수한 아빌라의 데레사를 만나 함께 가르멜 수도회의 개혁을 추진했다. 그는 가르멜회 본래의 엄격한 금욕 극기와 고행, 가난의 생활을 통해 관상적 수도생활을 실천하기 시작했다. 그의 성스러운 일상생활과 수덕에 대한 열의는 많은 이들에게 귀감이 되었다. 그는 십자가에 매달린 그리스도와 교감하는 신비를 체험하였고, 《영혼의 노래》, 《사랑의 산 불꽃》 같은 영적 저술을 남기게 되었다. 이후 그의 탁월한 성덕이 드러났고, 맨발의 가르멜회는 공식적으로 인정받았다.

십자가의 성 요한이 그린 십자고상 소묘, 16세기, 아빌라의 강생 수도원

초현실주의 화가 살바도르 달리$^{1904-1989}$는 스페인 아빌라의 가르멜 수도원에 소장된 십자가의 요한이 그린 십자가에 매달린 그리스도의 모습을 그렸다. 스페인 화가 달리는 20세기 가장 중요한 예술가 중 한 명으로, 조각가이자 도안가, 디자인가로 이름이 알려진 달리의 작품들은 예술계뿐만이 아니라, 광고, 영화, 패션 등에도 큰 영향을 미쳤다. 무엇보다도 달리는 기이한 이미지의 초현실주의 작품들로 유명하다.

달리가 우연히 십자가의 요한이 습작으로 그린 그리스도의 모습을 본 후, 하느님이 십자가에 매달려있는 아들 예수 그리스도를 저 높은 하늘에서 내려다보는 시선으로 구도를 잡았다. 십자가에 매달린 그리스도는 허공에 떠 있고 고개를 숙여 아래를 바라보고 있다. 십자가에 못 박힌 양손과 발을 꼭짓점으로 잡고 선을 연결하면 삼위일체를 상징하는 삼각형이 형성된다. 십자가 아래 바다는 스페인의 리카드 항구가 멀리 배경으로 그려졌다. 골고다 언덕에서 십자가에 매달린 그리스도의 모습과는 상당히 거리가 있는 배경으로, 달리는 초현실주의가 추구하는 환상적인 신비의 세계로 십자가에 매달린 장면을 연출했다. 바다의 모습은 마치 예수님께서 활동했던 갈릴래아 호수를 연상케 한다.

"물은 타오르는 불을 끄고 자선은 죄를 없앤다." _ 집회 3, 30

◀ 살바도르 달리, 십자가의 성 요한의 그리스도, 1951, 스코틀랜드 글래스고 미술관

신비와 은총

. . . .

요아킴·안나

성모 마리아

요셉

즈카르야·엘리사벳

라자로·마르타·마리아

가브리엘·미카엘·라파엘

요아킴·안나

성가정의 씨앗을 심은 부부

성경에서 성모 마리아의 부모 성 요아킴[1세기경]과 성녀 안나[1세기경]에 관한 이야기는 찾아볼 수 없다. 그러나 가톨릭교회에서 위경으로 일 컫는 170-180년경에 쓰인 「야고보 원복음서」에 성모 마리아 부모의 이름이 언급되어 있으며 성모 마리아의 어린 시절과 부모님 요아킴 과 안나에 대한 이야기가 등장한다. 요아킴은 가정이 윤택하며 이스 라엘에서 존경받는 인물이었고, 안나는 베들레헴에서 태어났다. 그 러나 이들은 결혼했지만, 오랫동안 자식을 얻지 못했다.

요아킴과 안나의 일화는 많은 예술가에게 영감을 불러 넣었다. 그 들의 일화 가운데 가장 많이 그려지는 것은 두 사람이 예루살렘의 황 금 문 앞에서 만나는 장면, 안나가 마리아를 낳는 장면 그리고 안나 가 어린 성모 마리아에게 책 읽는 법을 가르치는 장면 등이다.

황금 문: 요아킴과 안나의 만남

늙도록 아이를 낳지 못한 요아킴과 안나는 오직 하느님께 자녀를 주시기만을 간절히 기도했다. 그리고 자녀를 주신다면 감사하는 마음으로 하느님께 봉헌하기로 결심까지 했다. 어느 날 요아킴은 사람들과 함께 제물을 제단에 바치기 위해 예루살렘에 갔으나, 아이를 갖지 못했다는 이유로 제사장으로부터 성전에서 내쫓겼다. 당시 이스라엘에서는 자식을 낳지 못해 하느님의 백성을 늘리지 못한 것은 하느님의 축복을 받지 못한 것으로 간주하였기 때문이다. 자신의 제사가 거부당했고, 집에 가서 가족들로부터 업신여김 당할 것이 부끄러웠던 요아킴은 집으로 돌아가지 않고 자신의 양치기들과 함께 살았다. 그리고 얼마 후, 요아킴에게 천사가 나타나 "네 기도와 제물은 하느님께 전해졌다. 하느님은 네가 당한 모욕을 다 지켜보셨다. 사라가 아흔이 넘어서도 임신을 할 수 있었듯이 네 아내 안나도 마리아라 불리게 될 아이를 잉태하여 주님께 봉헌하게 될 것이다. 너는 지금 예루살렘의 황금 문에 가서 아내 안나를 만나 서로 기쁨의 재회를 나누게 될 것이다"라고 전했다.

안나는 돌아오지 않는 남편을 몹시 걱정했다. 이탈리아 파도바에 있는 스크로베니 경당에 조토 디 본도네[1267년경-1337]는 예수와 성모의 생애를 프레스코화로 장식한 연작 중 〈성녀 안나의 수태고지〉에서 안나가 집에 오지 않는 남편을 몹시 걱정하며 하느님께 기도하는 장면이 있다. 화가는 그림 주제를 마치 연극 무대에서 볼 수 있는 공간처럼 한쪽 벽을 제거하고 실내의 상황을 자세히 표현하고 있다. 조토는 투시법을 이용한 작고 소박한 방에 천장이나 커튼으로 가려진 침대와 오른쪽 함이나 생활용품을 사실적으로 묘사하고 있다. 무릎을 꿇고 두 손을 모은 안나는 근심어린 얼굴로 창 쪽의 천사를 바라보고

조토 디 본도네, **성녀 안나의 수태고지**, 1303-1304, 프레스코, 스크로베니 경당, 파도바

있다. 문밖에는 실을 잣는 여종도 보인다.

　화가는 안나를 이미 나이 든 여자로 텅 빈 방에서 남편을 기다리며 외롭게 기도하는 모습으로 묘사하고 있다. 안나는 많은 시간을 남편의 부재와 아이를 낳지 못한 것에 대해 슬퍼했지만, 희망을 버리지 않고 하느님께 의탁한다. 이때 천사가 안나에게 나타나, 그녀의 남편 요아킴은 살아 있으며, 지금 예루살렘에서 돌아오는 중이라며 두려워하지 말라고 한다. 또한 천사는 "너와 너의 남편의 기도를 주님께서는 들어 주시고, 너에게 여자아이를 주실 것이니 아이의 이름을 마리아라 하여라. 너희들이 서원한 대로 그 아이는 어릴 때부터 주님께 거룩하게 구별되어, 어미의 태중에서부터 성령으로 충만할 것이다. 모든 여인 가운데 가장 충만한 복을 받게 될 것이다"라고 말한다. 그리고 안나에게 예루살렘의 황금 문 앞으로 가면 남편 요아킴을 만나게 될 것이라고 전했다. 안나는 일어나서 가장 아름다운 옷을 입고 황금 문으로 가 요아킴을 만나 서로 포옹하게 된다. 서로 포옹하는 순간 성령의 힘으로 마리아를 잉태하게 된다.

바르톨로메오 비바리니, 예루살렘의 문에서 성녀 안나와 성 요아킴의 만남(일부), 1473, 패널에 유채, 산타 마리아 포르모자 성당, 베네치아

베네치아에서 활동한 바르톨로메오 비바리니 1430년경 – 1499년경가 제작한 산타 마리아 포르모자 성당에 세 폭 제단화에서처럼 천사가 두

사람에게 알려준 대로 예루살렘의 황금 문으로 가서 서로 껴안는다. 화가는 두 사람을 백발이 성성한 노인으로 아이를 가질 수 없는 모습으로 나타냈다. 그러나 주님의 천사가 두 사람을 결합하고 있다.

기쁨이 가득한 방: 마리아를 낳은 안나

당시 많은 화가는 황금 문에서 요아킴과 안나가 포옹하는 장면을 독립된 주제로 자주 그리곤 했다. 그러나 도메니코 기를란다요[1449-1494]의 작품에서는 마리아의 탄생 장면 속에 안나와 요아킴의 포옹 장면을 삽입하고 있다. 기를란다요는 1485-1490년쯤 피렌체에 산타 마리아 노벨라에 "토르나부오니 경당"에 동정 마리아와 요한 세례자의 일생을 그린다. 이 작품은 그 가운데 안나가 마리아를 낳은 장면이다. 안나가 마리아를 막 해산한 후의 주제이지만, 그림 왼쪽 계단의 맨 위쪽에서 안나와 요아킴이 포옹하고 있는 모습이 그려 있다. 장차 구세주의 어머니인 마리아의 탄생이 성령의 은총으로 이루어졌음을 보여준다.

방 안 전체 구성은 안나와 요아킴이 살았던 예루살렘이 아니라 그림을 그린 화가가 살았던 당시 피렌체의 상류층 가정을 배경으로 한다. 화가는 '마리아의 탄생'을 자신의 일상에서 일어난 일로 표현함으로 신자들에게 마리아의 이야기를 친숙하게 다가서도록 인도한다.

화가는 종교적인 이야기를 통해 당시 피렌체의 화려하고 다채로운 생활을 흥미롭게 반영하고 있다. 왼쪽에는 우아하게 잘 차려입은 한 그룹 여자들은 산후의 안나를 보러 온 것으로 갓 태어난 마리아를

도메니코 기를란다요, **마리아의 탄생**, 1491, 산타 마리아 노벨라 성당, 피렌체

향한다. 맨 앞에 두 손을 가지런히 배 위에 모은 여자는 이 그림을 주
문한 루도비카 토르나부오니의 딸이다. 당시 화가들은 성경이나 신
화를 주제로 다룰 때 주문자나 그의 가족이나 친척을 그림에 등장하
는 인물들에 그들의 초상을 그려 넣는 경우가 빈번했다. 기를란다요
는 성경의 이야기를 마치 그의 후원자였던 토르나부오니처럼 부유한
피렌체 시민들 사이에 벌어졌던 실제 사건처럼 나타내고 있다.

넓은 방은 화려한 기둥 장식과 금장식으로 상감된 가구로 매우 고
급스러운 분위기를 자아낸다. 가구 위에 고전적인 부조 형식으로 그려
진 춤 추고 연주하는 아기 천사들은 실내를 더 화려하게 만들고 있다.

아기 천사들 아래쪽 장식 조각에는 라틴어로 "영원 동정이신 어머니, 당신의 탄생은 온 세상의 기쁨의 원천이시니"라는 문구가 쓰여 있다.

침대 위에는 막 해산 후 몸조리하는 안나가 다른 인물보다 비교적 크게 표현되어 있고, 그녀는 딸 마리아를 바라보고 있다. 침대 앞에 막 태어난 마리아를 안은 산파와 목욕물을 따르는 산파가 보인다. 전 승에 따르면 마리아는 7개월 만에 태어났고 태어난 시간도 제7경^{지금} _{시간으로 오후 1시}이란 기록도 전한다. 숫자 '7'은 '4'와 '3'이 합하여 이루어 져 매우 성스러운 의미를 지니게 된다. 다시 말해서 '4'는 세상을 의 미하고 '3'은 하느님을 의미한다. 장차 마리아는 세상의 여인으로 하 느님의 아들을 낳을 사람이란 것을 예고한다.

조토의 작품에서도 장차 안나가 천사의 예고로 마리아를 낳아, 성 장한 마리아가 하느님의 아들 예수를 낳으리라는 것을 찾아볼 수 있 다. 안나의 집 위에 삼각형의 팀파늄에는 조개껍데기 중앙에 예수가 자리하고 그것을 두 명의 천사가 떠받들고 있는 그림이 부조 조각처 럼 장식돼 있다. 속이 텅 비어 있는 조개껍데기는 여인의 자궁과 탄 생을 의미하며, 중세 그리스도교적 전설에서 성 야고보 성인과 연루 되어 종교적으로는 정신적 부활을 상징한다. 이렇게 마리아의 순결 함을 상징하기도 한 조개껍데기에 예수의 모습은 여인으로 성장한 마리아의 태중에 천사들의 보호를 받으며 보석처럼 귀한 분이 오심 을 의미한다.

"누구든지 청하는 이는 받고, 찾는 이는 얻고, 문을 두드리는 이 에게는 열릴 것이다." _ 루카 11. 10

루카 조르다노, 안나와 요아킴이 함께 있는 성 가정, 1705년경, 개인 소장

하느님의 어머니, 동정녀 성모 마리아

성모 마리아의 탄생에 관한 기록은 성경에서 언급하고 있지 않지만, 가톨릭 신학과 교의에 자료가 되는 야고보 원복음서와 몇몇 외경에 서는 전해지고 있다. 교회에서는 5세기 말부터 예루살렘에 마리아 성당 축성일인 9월 8일을 마리아 탄생 기념일로 지키고 있다. 또한 8 세기경 크레타에 성 안드레아는 자신의 강론에서 마리아의 탄생일을 증언하기도 했다.

옛 전승에 따르면, 동정 마리아의 부모는 안나와 요아킴이다. 야고 보의 원 복음서와 다른 외경에 의하면, 나자렛에서 태어난 요아킴은 안나와 결혼을 하였으나 자식이 없었다고 한다. 요아킴은 한때 광야 에서 40일간을 기도하면서 자식을 기원하기도 했다. 어느 날 그는 아 내 안나가 아기를 낳으면 하느님께 봉헌하겠다고 약속했다. 이에 요 아킴에게 천사가 나타나 아기를 낳는다는 전갈을 듣고 마리아를 낳 았다고 한다. 이렇게 태어난 마리아가 바로 예수의 어머니이다.

성모 마리아는 고대부터 '하느님을 잉태하신 분'이라는 칭호로 공 경과 신심의 대상이었다. 신자들은 어려움을 겪고 도움이 필요할 때

작가 미상, **옥좌에 앉은 성모자(테오토코스)**, 6세기, 산 아폴리나레 누오보 성당, 라벤나

마다 성모 마리아에게 간청했다. 특히 황제 테오도시우스 2세가 소집한 431년 에페소 의회에서 '하느님의 어머니테오토코스, Theotókos'인 마리아에 대한 교회 입장이 공식화된 후 성모 마리아께 대한 공경은 놀라울 만큼 발전했다. 또한 성모 마리아의 죽음과 승천에 관한 교부들의 언급과 대중 사이에 퍼져있던 신심이 그리스도교화하면서 성모 탄생과 주님 탄생 예고성모 영보, 성모 승천 등은 축제로 자리 잡는다. 12세기에 이르러서는 성모 마리아가 심판자 그리스도 앞에서 도움을 청하는 대중을 위해 빌어주는 자비로움, 그리고 곧바로 효과적으로 도와주시는 분으로 널리 찬양받는다.

하느님의 어머니천주모친

고대유물에 대한 애착이 컸던 안드레아 만테냐1431년경-1506는 로마 건축물과 조각을 깊이 연구하였고, 고대 미술 형식을 철저히 묘사하고, 무대 공간과 같이 구성된 원근법적 공간에도 관심을 기울였다. 만테냐는 유럽에서 가장 멋진 군주의 궁정으로 알려진 만토바의 곤차가 가문의 궁정화가로 일하면서, 후기 고딕의 호화로운 장식이 지성적이고 인문주의적인 궁정양식으로 발전하는 계기를 마련했다.

이 그림은 만토바의 산 조르죠 성의 두칼레 성당 장식을 위해 루도비코 2세 곤차가가 주문한 세 폭 제단화왼쪽 패널: 예수님 승천, 오른쪽 패널: 할례의 중앙 패널 부분으로, 〈동방박사들의 경배〉 장면이다. '동방박사들의 경배'를 그린 주제는 예수님이 메시아임이 드러나게공현, Epiphany 되는 의미를 나타낸다. 그러나 만테냐의 이 그림에서는 그리스도의 육

만테냐, **동방박사들의 경배**, 1460~1464, 우피치 미술관, 피렌체

화 신비뿐만이 아니라 죽음과 부활의 신비도 시사하고 있다.

오른쪽에 성모 마리아는 하느님의 어머니^{테오토코스}로서 아기 예수를 안고 계신다. 성모가 아기 예수를 안고 있는 모습은 초기 그리스도교 시대부터 주로 비잔틴 제국에서 시작되어 서유럽으로 전해졌다. 비잔틴 제국에서는 '테오토코스'^{신을 잉태한 여인}라는 뜻으로 마리아를 엄숙한 모습으로 나타내곤 했다. 반면 서방에서는 '천상의 여왕'Regina coeli 또는 '우리의 성모Nôtre Dame'라는 의미로 모성적인 모습으로 나타내는 것이 일반적이었다.

케루빔으로 둘러싸인 성모자가 있는 곳은 마구간이 아니라 동굴이다. 칠흑 같은 어두운 동굴은 탄생의 공간이면서 동시에 무덤의 공간, 그리스도의 죽음과 부활이 이루어지는 공간이다. 성모님 위에 동방박사들의 여정을 인도한 자연계의 표징인 하늘의 별에서 빛줄기가 칼처럼 날카롭게 수직으로 동굴을 향해 내려져 있다. 뾰족한 칼은 어머니 성모 마리아가 아들의 죽음으로 겪어야 할 고통을 상징한다. 동굴 왼쪽 바위에는 무화과나무가 묘사돼 있고, 동굴 위에는 말라버린 나무에 새순이 자란 가지가 있다. 중세 사람들은 무화과나무로 십자가를 만들었다고 믿어 왔기에, 이 나무는 그리스도 수난의 상징으로 전해진다. 따라서 '말라버린 나무는 죽음', '새순이 자란 가지는 탄생'을 말한다. "그리스도가 죽음 후에 다시 태어나 부활한다"는 뜻이다.

일반적으로 성화에서 세 명의 동방박사는 노년, 장년, 청년의 모습으로 각기 다른 연령층으로 표현된다. 각기 다른 연령층은 인간의 삶의 세 단계를 의미하고, 다른 인종의 표현은 아기 예수의 탄생이 온 인류의 기쁨임을 상징한다. 동방박사들의 뒤로 이어진 사람들의 행렬이나 성모자 왼쪽에 소와 나귀이스라엘 백성과 이교도들을 의미에서도 아기 예수의 탄생은 인간세계뿐만이 아니라 자연세계를 비롯한 전우주적인 의미를 지니고 있음을 말한다. 세 명의 동방박사는 모두 호화로운 궁정 예복을 입고 있다. 가장 나이 많은 박사는 꿇어 엎드려 있고, 두 번째로 나이가 많은 박사는 한 손에 예물을 들고 허리를 숙여서 예수님께 경배하고 있다. 젊은 흑인 박사는 예물을 손에 들고 무릎을 꿇고 있다. 동방박사들은 황금, 유향, 몰약을 예물로 드렸다. 황금은 그리스도께서 하늘과 땅의 왕이신, 임금의 상징이다. 유향은 가장 거룩한 제사에서 태우는 값비싼 향료로, 한 분이신 하느님을 의미한다. 몰약은 우리를 대신해 십자가에서 돌아가실 하느님의 어린양임을 뜻하는 예물로서, 참사람이심을 상징한다. 박사들이 가진 예물을 아기 예수께 드릴 때 그들은 바로 자기 자신들을 선물로 드린 것이나 마찬가지이다. 별을 따라 베들레헴에 와서 아기 예수를 경배한 동방박사에 대한 보답으로 하느님께서는 그 별빛보다 더 강력한 빛으로 그들의 마음을 비추셨다. 초라한 마구간통굴 구유에 태어난 아기였을지라도 그들은 그 아기가 바로 세상의 구원자이자 자신의 구원자임을 알아보았다.

원죄에 물들지 않은 여인무염시태

1510년 파리에서 인쇄된 판화는 르망에서 사용된 시간경으로 안나–마리아–예수의 계보적 관계를 분명히 드러내면서 무염시태를 설명하고 있다. 서 있는 안나의 복부 위치에 빛이 발산하는 광선에 둘러싸인 채 마리아가 아기 예수를 앉고 있고, 아기 예수도 마리아의 복부 쪽에 있다. 이 작품에서는 마리아가 만돌라 형태의 빛의 묘사처럼 특별한 은총으로 잉태되었다는 표현 외에도 무염시태를 상징적으로 나타낸 15개의 성서적 은유를 인물들 주위에 펼쳐서 묘사하고 있다. 왼쪽 아래부터 닫힌 정원아가서 4, 12, 생수가 솟는 우물아가서 4, 15, 영

작가미상, **성 안나가 무릎에 성모자와 아기 예수를 안고 있는 모습**, 1510, 코넬링 도서관

정퀴 사이에 핀 나리꽃아가서 2, 2, 이 사이의 그루터기이사야 11, 1-2, 다윗 탑아가서 4, 4, 서 있는 삼나무집회서 24, 13, 달처럼 아름다우며아가서 6, 10, 해처럼 빛나고아가서 6, 9라는 성경의 구절과 이미지가 그려있고, 오른쪽 위에서부터 장미집회서 24, 14, 바다의 별바다의 별 성모 마리아 찬송에서 유래, 하늘의 문창세기 28, 17, 올리브집회서 24, 14, 정원의 샘아가서 4, 15, 티 없는 거울지혜서 7, 26 및 주님의 도시시편 86, 3가 나타난다. 중앙 상단에는 왼손에 구체를 든 성부가 오른손으로 축복을 주고 있고, 펼쳐진 종이에는 라틴어로 "나의 친구여, 당신은 아름답고 당신에게는 흠이 전혀 없다"라고 적혀 있다. 이는 마치 성부가 마리아의 바로 위에서 그녀는 흠이 없다, 즉 무염시태를 선포하고 있는 듯하다. 여기에 표현된 상징물들은 모두 순결함과 마리아의 원죄 없음을 뜻하는 모티브들이다. 실질적으로 안나-마리아-예수의 태아 유형적 도상으로 마리아가 원죄 없이 잉태되었다는 교리를 명확하게 설명하기에는 불분명할 수 있으나, 이들 주변에 성서를 근거로 마리아와 관련 있는 은유적 구절들과 시각적 요소로 무염시태의 의미를 확고히 하고 있다.

모든 성인의 성모 마리아

성모 마리아는 모든 성인 가운데 가장 신심 깊은 여인으로 공경 받았다. 조토 디 본도네[1266/1276-1337]는 이탈리아 후기 고딕 회화를 대표하는 거장으로, 피렌체 회화가 중세적 양식에서 벗어나 보다 사실적이고 삼차원적인 표현으로 나아가는 데 결정적인 역할을 했다. 그는 청렴한 신앙을 추구하던 평신도 단체 우밀리아티[Umiliati]의 의뢰를 받아 피렌체 '모든 성인의 성당'을 위한 제단화를 제작하였으며, 이 작품은 성모 마리아가 아기 예수를 안고 있는 거대한 그림으로 당시 피렌체 회화의 새로운 전기를 마련한 작품으로 평가된다.

이 제단화는 토스카나 지역에서 흔히 사용되던 오각형 패널 형식을 띠고 있으며, 황금빛 배경 위에 성모자상이 중심적으로 배치돼 있다. 금으로 장식된 우아한 옥좌는 고딕 양식의 취향을 잘 보여주며, 지붕과 벽을 갖춘 감실 또는 닫집과 같은 구조로 표현돼 있다. 이러한 옥좌의 구조는 화면 속 공간을 명확히 구획하여 중앙의 성모자상과 양옆에 늘어선 성인 및 천사들을 서로 다른 공간에 배치한다. 그 결과 화면에는 분명한 삼차원적 공간감이 형성되고, 성모자를 향해 시선을 모으는 주변 인물들은 더욱 제의적이고 경배하는 존재로 강조된다.

성모 마리아는 기품 있고 온화한 어머니의 모습으로 아기 예수를 안고 있으며, 금술 장식이 더해진 암청색 겉옷을 입고 있다. 암청색 안료는 당시 매우 값비싼 색으로, 성모의 고귀함과 동정녀로서의 순결함, 그리고 하느님의 아들을 낳은 어머니로서의 영광을 상징한다.

조토, 모든 성인의 성모, 1300–1310년경, 우피치 미술관, 피렌체

아기 예수는 근엄한 표정으로 한 손에는 말씀이 적힌 두루마리를 들고 다른 한 손으로는 축복을 내리고 있다. 예수님이 입은 붉은색 옷은 인간으로 오신 그리스도가 인류를 위해 십자가의 희생을 감당해야 할 운명을 상징한다. 조토는 이처럼 색채와 몸짓, 공간 배치를 통해 단순한 이야기 전달을 넘어 인물의 인상과 심리 상태까지 섬세하게 드러내고 있다.

화면 하단에는 무릎을 꿇은 두 천사가 관람자의 시선을 가장 먼저 끌며 등장한다. 흰옷을 입은 이 천사들은 백합과 장미가 꽂힌 화병을 들고 있는데, 백합은 성모의 순결을, 장미는 아기 예수의 수난을 의미한다. 옥좌의 좌우에는 올리브색 옷을 입은 두 천사가 서 있으며, 한 천사는 성체가 담긴 성합을, 다른 천사는 왕관을 들고 있다. 성합은 인류 구원을 위한 예수의 희생을, 왕관은 하늘의 여왕인 성모 마리아를 상징한다.

이 천사들은 위치와 몸짓을 통해 공간적·상징적 역할이 구분된다. 옥좌 옆에 선 천사들은 성모자와 함께 천상적이고 신성한 영역에 속하지만, 아래쪽에 무릎을 꿇은 천사들은 한 손으로는 성모자를 가리키고 다른 한 손으로는 지상을 향해 있다. 이들은 천상과 지상을 연결하는 매개자로서 관람자를 신비로운 성모자의 세계로 인도하는 역할을 한다. 조토는 이러한 구성과 상징을 통해 신성과 인간 세계를 잇는 새로운 회화적 공간과 표현 방식을 성공적으로 구현하였다.

"처녀가 잉태하여 아들을 낳으리니 그 이름을 임마누엘이라 하리라." _ 이사 7,14

요셉

하느님의 의로운 사람

성 요셉[1세기경]은 마태오 복음과 루카 복음에서 예수님의 탄생과 예수
님이 12세 때 성전에서 율법학자들과 논쟁을 벌였을 때 잠깐 언급된
다. 요셉은 마리아의 남편이자 예수님의 양아버지로 의로운 사람이
었으며, 다윗 왕의 후손으로 나자렛에서 살던 목수였다. 요셉은 마리
아와 약혼한 사이였으나, 그녀와 함께 살기 전에 마리아의 임신을 전
해 듣고 파혼할 생각을 하였으나, 하느님께서 천사를 통해 요셉에게
하느님의 섭리를 깨닫게 해주셨다. "요셉은 주님의 천사가 명령한 대
로 아내를 맞아들였다."[마태 1. 24] 요셉은 하느님께서 모든 백성을 죄에
서 구원하실 예수님을 세상에 보내실 구원계획에 가장 훌륭한 협력
자였다. 그는 하느님에 대한 확고한 믿음과 마리아에 대한 신뢰로 하
느님의 뜻에 온전히 순명하였다.

요셉에 관한 성서적 근거는 많지 않지만, 화가들은 요셉과 마리아
의 결혼식부터 예수님의 탄생, 이집트로의 피난, 성전 봉헌, 요셉의
죽음에 이르기까지 극적이면서 감동적인 이야기로 작품을 남겼다.

요셉의 나뭇가지

복음서에 마리아와 요셉의 결혼에 대한 언급은 없으며, 단지 그들이 약혼하였는데, 함께 살기 전에 마리아가 성령의 인도로 예수님을 잉태한 사실을 기록하고 있다. 이탈리아의 초기 르네상스 화가인 피에트로 페루지노^{1450년경-1523}는 오래전부터 전해 내려오는『황금전설』의 내용을 기반으로 마리와 요셉의 결혼 장면을 묘사했다. 마리아의 신랑은 대제사장 앞에서 시험을 거친 후 요셉으로 선택되었다. "다윗의 가문에 혼기는 찼지만, 아직 결혼하지 않은 남자가 제단에 나뭇가지를 가지고 올 것이다. 가지들 중 한 가지에 꽃이 필 것인데 성령이 비둘기 모양으로 가지 끝에 앉을 것이다. 이사야 예언서에 따라 이 가지의 주인이 의심할 여지없이 동정녀의 배필이다."^{『황금전설』중에서} 요셉은 다른 젊은 구혼자들과 함께 성전 제단에 나뭇가지를 올려놓았고, 바로 요셉의 나뭇가지에서 잎이 돋아나고 꽃이 피었다. 그림 중앙에^{다음 페이지} 마리아에게 반지를 끼워주고 있는 요셉은 다른 사람들에 비해 나이가 많이 들고 그다지 볼품 있어 보이지 않는다. 구약에서 나뭇가지에 잎이 생겨난 기적이 요셉에게도 일어나 그의 나뭇가지에서 잎이 나고 꽃이 핀 것이다. 이것은 요셉이 마리아의 남편이라는 사실을 분명하게 드러내며, 죄의 용서, 구원의 은유적 표현으로 하느님께서 요셉을 선택한 상징이다.

대제사장을 중심으로 요셉과 마리아가 자리하고 있다. 대제사장은 구약에서처럼 화려한 의상에 고급스러운 모자를 쓰고 있다. 당시

페루지노, **마리아의 결혼**, 1499–1504, 패널에 유채, 캉 미술관, 프랑스

의 전통에 따라 대제사장은 요셉이 마리아에게 완전한 하느님을 상징하는 반지를 건네주는 두 사람 사이에 서 있다. 마리아는 눈으로 알아볼 수 있을 정도로 배가 불러있으며, 그녀는 손을 배 위에 살짝 올려놓았다. 요셉의 나뭇가지에서 핀 꽃은 마리아가 동정녀의 몸으로 아기를 가진 것을 상징한다.

의로운 사람 요셉

의로운 사람이었던 요셉은 마리아를 신부로 맞아들일 생각을 굳히게 된다. 마리아는 달이 차서 예수님을 낳았다. 팔을 쭉 뻗은 아기 예수에게 시선을 집중하며 마리아와 요셉은 무릎을 꿇고 있다. 마리아는 눈과 입술을 통해 손을 치켜들고 작은 발을 사랑스럽게 구르는 아기 예수를 바라본다. 갓 태어난 아기의 자연스러운 행동처럼 아기 예수는 어머니 마리아에게 안기고 싶은 듯하다. 어머니 마리아와 아기 예수의 다정다감한 교감이 느껴진다. 가슴을 숙인 채 마리아의 엇잡은 팔에는 그녀의 떨리는 손가락이 드러난다. 아기를 향한 마리아의 자세와 시선은 주님의 종으로서 겸손과 하느님께서 우리와 함께 계신다는 임마누엘의 신비를 드러낸다.

그림^{다음 페이지}에서 요셉은 웃음 띤 얼굴로 아기 곁에서 기도하고 있다. 이콘이나 중세 전통 도상에서 요셉은 보통 아기 예수와 마리아가 있는 중심부에서 따로 떨어져 있다. 일반적으로 수심에 찬 표정으로 한 손으로 머리를 괴고 앉아 있다. 한 집안의 가장으로 장차 아내와 아들을 지키고 보호하는 중요한 역할을 해야 할 것을 걱정하는 것이

로렌초 로토, 탄생, 1523, 워싱턴 내셔널 갤러리

다. 이와 달리 로렌조 로토[1480년경-1556]는 요셉을 아기 예수의 탄생에 기쁨과 감동, 그리고 찬미하는 모습으로 묘사하고 있다. 요셉의 침묵과 합장한 두 손은 자신이 마리아의 동정성의 중인이자 하느님과 함께 예수의 아버지임을 드러내는 듯하다.

짚이 깔린 바구니에는 나신으로 하느님의 아들 예수님이 놓여 있다. 바닥, 땅! 이는 이 세상에 바로 오심을 뜻한다. 땅은 생명을 탄생시키는 자궁, 곧 어머니를 상징한다. 육화돼 이 땅에 오신 예수의 모습은 초라한 바구니 요람에서 드러난다.[루카 2,11-12 참조] 전통적 비잔틴 도상에서 요람은 부활사건처럼 열린 무덤을 상기시키는 방식으로 사각형에 단단한 형태로 표현되기도 한다.

로토는 바구니 아래에 입구를 동여맨 작은 주머니와 작은 통을 그려 앞으로 전개될 사건을 암시한다. 빵과 물! 여행을 시작한 누군가가 배고픔을 조금이라도 줄일 수 있는 물건이다. 이는 곧 전개될 성가정의 이집트 피난을 예고한다.

악보를 들고 있는 노년의 요셉

이탈리아의 대표적인 바로크 화가 카라바조[1571-1610]는 음악에 열정을 가진 피에트로 알도브란디니 추기경을 위해 이집트로 피난 가는 도중에 휴식을 취하고 있는 성가정을 그렸다.

〈이집트로 피난 중의 휴식〉을 주제로 한 내용은 4복음서 어디에서도 이야기하고 있지 않지만, 마태오 복음서를 원전으로 하는 〈이집트로의 피난〉을 주제로 한 작품을 보면서 이곳에서 파생된 주제임

카라바조, **이집트로 피난 중의 휴식**, 1596-1597, 도리아 팜필리 미술관, 로마

을 알 수 있다. 마리아, 요셉, 그리고 아기 예수는 막 영아학살로부터 도망친 것이다. 나귀 하나에 몸을 싣고, 태어난 지 얼마 되지 않은 어린 아기를 데리고 이집트로 가는 긴 여정을 상상해본다면 이들 성가정에는 잠시의 휴식이 필요했을 것이다. 마리아와 아기가 단풍잎으로 붉게 물든 나무 아래에서 깊이 잠들어 있다.

천사가 바이올린을 연주하고, 왼쪽에 허름한 여행 가방에 앉은 맨발의 늙은 요셉이 악보를 들고 천사를 강렬하게 바라보고 있다. 플랑드르 출신 음악가 노엘 볼드윈이 지은 저녁 미사 전에 성모님께 드리는 송가이다. "정녕 아름답고 사랑스럽구려, 오, 사랑, 환희의 여인이여!"^{아가 7,7} 마리아를 위해 노래하는 〈아가〉의 음악이 재현되고 있다.

천사 왼쪽은 인류 세계와 늙은 사람^{요셉}, 즉 인간의 죽음의 세계와 돌로 가득한 지상의 세계를 나타낸다. 오른쪽은 마리아^{교회의 은유}와 아기 예수로 천상의 세계, 모든 경계선이 없는 깊은 곳을 향해 열린 세계로, 모든 것에서 부드러운 신성함이 느껴진다. 저녁 무렵, 마리아와 아기 예수는 잠을 청하고 있는 듯하나 요셉은 깨어 있다. 천사의 음악이 그를 깨운 것이다. 요셉은 바이올린 소리에 도취할 수 없었다. 물론 천상의 동반자가 함께 있어 기뻐할 일이긴 하지만 현실적으로 잠을 청할 수 없는 상태다.

무죄한 사람이 도망쳐야 하고, 한 어머니가 쫓기며 집 밖에서 잠을 자야 한다는 사실이 요셉에게는 회의적이고 화가 났을 것이다. 그러나 천사의 음악이 요셉을 깨운다. 예언자 즈카리아가 "나와 이야기하던 천사"라고 말한 것처럼 하느님은 천사를 통해 인간과 대화하는 것이다. 천사는 요셉에게 영혼을 새롭게 하는 성스러운 음악을 통해 구원의 위로와 약속을 전달하려는 것이다.

"진정 말씀을 듣는 것이 제사 드리는 것보다 낫습니다."

_ 1사무 15,22

하느님의 약속을 품은 부부

마리아와 사촌 간인 성녀 엘리사벳 [1세기경]은 마리아가 성령으로 예수님을 잉태하기 전, 그녀도 성령으로 아기를 갖게 된다. 루카 복음서에서 엘리사벳이 아기를 가졌을 때 이미 나이가 많았다고 전한다. 그녀는 예루살렘의 사제이던 즈카르야와 결혼했는데, 둘 사이에는 아이가 없었다. 그런데 『황금전설』에 따르면, 어느 날, 엘리사벳과 그의 남편 즈카르야에게 천사가 나타나 요한이라는 아들이 태어날 것이라고 예고했다. 그런데 즈카르야는 주님의 모든 계명과 규율을 잘지키며 하느님 앞에 떳떳하고 올바르게 살아가는 사람이었지만, 천사의 말을 의심하게 되었다. 그 의심으로 그는 갑자기 벙어리가 되었다. 마침내 엘리사벳은 당시 우리의 상식으로 아기를 가질 수 없는나이였으나 임신했다. 엘리사벳이 요한을 임신한 지 6개월이 되던때 사촌인 마리아가 그녀를 찾아왔다.

엘리사벳의 집을 방문한 마리아도 가브리엘 천사가 성령의 힘으로 예수를 잉태할 것이란 말에 "예"하고 대답은 했지만, 몹시 당황스러웠을 것이다. 혼례를 하지 않은 마리아에겐 있을 수 없는 일이었기

로히어르 반 데르 베이던, **성 요한 세례자의 세 폭 제단화**, 1454년경, 베를린 국립미술관

때문이다. 마리아는 진짜로 아기를 가졌으면 어쩌나 하는 걱정과 함께 천사의 말을 확인하기 위해 엘리사벳을 찾은 것이다.

루카복음서는 "마리아는 길을 떠나, 서둘러 유다 산악 지방에 있는 한 고을로 갔다"루카 1. 39고 전한다. 플랑드르 르네상스 거장인 로히어르 반 데르 베이던1399년경–1464은 성경에 원전을 두고 사건이 일어나고 있는 그림의 배경을 자신이 살던 시대의 한가로운 시골 마을의 풍경으로 묘사하고 있다. 그림은 전체적으로 세심한 세부 묘사로 북유럽의 사실적 양식을 잘 나타내고 있다. 저물녘 은은한 노란빛의 뭉게구름이 어우러진 하늘, 멀리 희미한 산, 들판에 교회와, 백마를 타

고 가는 사람, 잘 고른 사각 형태의 저수지에서 노닐고 있는 백조 등은 그야말로 시골의 평화로움이 가득 느껴지는 풍경이다.

마리아는 가브리엘 천사로부터 아기를 잉태할 것이라는 소식을 듣자마자 유다 산악 지방에 있는 친척 엘리사벳을 방문한 것이다. 그림에서 마리아와 엘리사벳, 즉 구원자 그리스도를 낳을 여인과 예언자 요한 세례자를 낳게 될 여인의 만남은 종종 마리아의 어머니 안나가 함께 등장하기도 하지만 일반적으로 둘만의 모습으로 표현된다.

하느님의 은총으로 아기를 잉태한 성녀 엘리사벳

엘리사벳은 히브리어로 '하느님은 맹세하시는 분'이라는 뜻이다. 마리아와 사촌 간인 엘리사벳은 마리아가 성령으로 예수님을 잉태하기 전, 하느님의 은총으로 아기를 갖게 된다. 당시 엘리사벳은 아기를 가질 수 없는 나이였다. 그렇지만, 구세주 예수보다 먼저 태어나 그분의 길을 준비할 사람이 필요했기에 엘리사벳은 그 사람을 낳을 여인으로 선택된 것이다.

그림에서 결혼한 여자로서 머리에 수건을 쓰고 있는 엘리사벳은 마리아를 집 바깥까지 마중 나와 반갑게 맞이하고 있다. 그녀는 손으로 마리아의 부른 배를 만지며 주님의 어머니이심을 깨닫고, 바로 자신의 배 안에서 요한 세례자가 반가운 마음에 뛰어노는 것을 느끼게 된다. 엘리사벳은 축복과 환영의 인사를 나눈다. "당신은 여인들 가

◀ 로히르 반 데르 바이덴, **마리아의 엘리사벳 방문**, 1435, 조형미술관, 라이프치히

운데에서 가장 복되시며 당신 태중의 아기도 복되십니다."^{루카 1, 42} 비록 마리아보다 나이가 많은 엘리사벳이지만 하느님의 아들을 잉태한 그녀에게 허리를 굽혀 존중의 태도를 보인다.

마리아와 엘리사벳의 만남 – 예수와 요한 세례자의 만남

결혼도 하지 않은 마리아가 예수님을 가지게 되고, 노년기에 접은 엘리사벳이 요한 세례자를 잉태한 사실은 사실상 이해할 수 없는 일이다. 두 여인은 상식적으로 있을 수 없는 일을 함께 겪으며 서로를 가엾이 여기고 있는듯하다. 화가는 "그의 태 안에서 아기가 뛰놀았다."^{루카 1, 41}라는 성경의 내용을 가시화시키기 위해 서로의 배를 만지는 모습을 선택한다. 마리아와 엘리사벳이 마주치자 각자의 손으로 서로의 부른 배를 확인하고 있다.

두 여인의 배를 서로 만지며 태 안의 아기를 확인하는 장면 외에 그들의 복부에 직접적으로 예수님과 요한 세례자의 모습이 등장하는 경우도 있다. 15세기에 궁정화가가 그린 작품처럼, 마리아와 엘리사벳의 복부에 금장식 된 메달 안에 예수님과 요한 세례자의 태아 모양이 그려져 있다. 두 여인의 자궁 안에 자라고 있는 두 태아 모습이 묘사돼 있다. 이러한 도상은 그리스도의 육화를 강조한 표현으로 비잔틴 미술에서 그 기원을 가진다. 왼쪽에 아기 예수는 오른손을 들어 오른쪽에 무릎을 꿇고 두 손을 모은 요한 세례자를 향해 축복하고 있다. 마리아와 엘리사벳의 만남은 단순히 둘만의 만남으로 끝나는 것이 아니라 예수님과 요한 세례자의 만남으로 연결된다. 두 아기는 몇 개월 사이로 태어나 어린 시절도 함께 보내게 되고 후일 예수님은 요한 세례자에게 세례를 받게 되고, 요한 세례자는 사람들에게 세례를 주며, 구세주 예수님이 세상에 올 것을 예고하는 예언자가 된다. 따라서 많은 화가가 성모자상을 그린 그림 속에 요한 세례자의 모습을 자주 등장시키거나, 요한 세례자가 예수님께 세례를 주는 주제를 많이 다루었다.

주님의 계명에 따라 살아가는 성 즈카르야

엘리사벳 뒤쪽 고딕 양식의 커다란 집 앞에서는 엘리사벳의 남편인 즈카르야가 강아지와 함께 있는 모습이 잘 묘사돼 있다. 예루살렘 사제이던 즈카르야는 주님의 모든 계명과 규율을 잘 지키며 하느님 앞에 떳떳하고 올바르게 살아가는 사람이었다. 강아지는 즈카르야의 하느님에 대한 충실함을 상징한다. 화가는 즈카르야가 존경받는 사제로서 그 부부에게 적합한 집을 잘 표현하고 있다.

즈카르야[1세기경]는 유다 임금 헤로데 시대의 제사장이었다. 즈카르야는 이스라엘의 스물네 사제단 가운데 아비야 조인 여덟 번째 조에 속했으며, 이스라엘 사제 계층의 선조인 아론의 후손이 되는 엘리사벳과 결혼했다. 이 두 사람은 하느님 앞에서 의롭고, 주님의 모든 계명과 규정에 따라 성실하게 살아가는 사람들이었다. 다만 그들에게 아이가 없었다. 이미 둘 다 아이를 낳을 수 없는 나이였다.

당시 성전에서 이루어진 희생 제사는 사제들끼리 제비를 뽑아 그

수행자가 결정하곤 했다. 어느 날 즈카르야가 주님의 성소에 들어가 숯불을 가져다 향로 위에 불을 지핀 후 분향하고 있었다. 이스라엘이 주님께 바치는 징표로서 하느님께 향 연기가 올라가도록 하기 위함이다. 그런데 즈카르야가 분향하고 있을 때, 그의 앞에 갑자기 하느님의 사자인 가브리엘 천사가 나타났다. 그는 천사의 모습을 보고 몹시 놀랐다. 천사는 그에게 믿기 어려운 기쁜 소식을 전했다. 천사는 "포도주도 독주도 마시지 않고 어머니 태중에서부터 성령으로 가득 찰"루카 1, 15 아이를 가지게 될 것을 예고하였다.

그의 아내 엘리사벳과 마찬가지로 꽤 나이가 많았던 즈카르야는 그런 기적이 일어날 리가 없다고 의심한다. 아들이 태어날 것이라는 소식이었지만, 아이를 낳지 못하는 여인이며 이미 나이까지 많은 그의 아내에게는 불가능한 일이었기 때문이다. 즈카르야는 천사에게 "제가 그것을 어떻게 알 수 있겠습니까? 저는 늙은이고 제 아내도 나이가 많습니다."1, 18 하고 의심했다. 그의 불신에 화가 난 천사는 즈카르야를 벙어리로 만들어 버렸는데, 갑자기 벙어리가 되어 성소 밖으로 나가자 밖에 모여 기도하던 백성은 그를 이상하게 여겼다. 아들이 태어난 후 가브리엘 천사가 알려 준 대로 이름을 요한이라 지었다. 바로 "그때에 즈카르야는 즉시 입이 열리고 혀가 풀려 말을 하기 시작하면서 하느님을 찬미하였다."1, 64 이후 아기의 아버지 즈카르야는 성령으로 가득 차서 예언한 말은 '베네딕투스Benedictus, 즈카르야의 노래라고도 함'라 불리는 아름다운 노래가 되었다.

요한 세례자의 부모인 즈카르야와 엘레사벳 이야기는 루카 복음서에서 일종의 머리말 역할을 한다. 복음서의 일화처럼 요한의 일생

궁정학교 화가, **마리아의 엘리사벳 방문**, 15세기, 라사로 갈디아노 미술관, 마드리드

베아토 안젤리코, **요한 세례자의 이름**, 1428–30년경, 상 마르코 박물관, 피렌체

은 작품으로 많이 재현되었다. 그 가운데 요한의 아버지 즈카르야에 관해서는 성소에 들어가 분향하고 있을 때 천사가 나타나 요한의 탄생을 알리는 장면과 요한이 태어났을 때 장면이 주로 그려진다.

도미니코회 수사이자 화가인 베아토 안젤리코[1395경-1455]는 요한이 태어난 후 천사의 말에 따라 아들의 이름을 쓰고 있는 장면을 묘사했다. 정원에는 머리에 긴 수건을 쓴 엘리사벳과 이웃과 친척들이 함께 자리하고 있다. 갓 태어난 요한은 젊은 여인의 품에 안겨있다. 나이가 든 즈카르야는 정원 벽 난간에 앉아 글 쓰는 판에 아들의 이름을 적고 있다. 모인 사람은 아버지의 이름을 따서 아기를 즈카르야라고 부르려 하자, 엘리사벳은 요한이라고 불러야 한다고 했다. 아기의 아버지 즈카르야 역시 천사가 고지한 대로 아기의 이름을 요한이라 썼다. 화가 안젤리코는 원근법을 비롯한 입체감으로 공간의 깊이를 확고히 구축하며, 정교한 형태 표현과 채색으로 이야기를 실감나게 묘사하고 있다. 또한 안젤리코의 밝은 색채는 마치 하느님의 자비로운 빛이 화면을 가득 채우며 예언자 요한이 주님의 길을 준비하도록 빛으로 인도하는 듯하다.

"나는 내 뜻이 아니라 나를 보내신 분의 뜻을 실천하려고 하늘에서 내려왔다."_ 요한 6. 38

주님을 기다린 형제와 자매들

예수님께서는 예루살렘 근처인 베타니아에서 살았던 성 마르타[1세기경]와 성 마리아, 성 라자로의 형제를 특별히 사랑하셨다. 라자로는 예수님의 친구라고 부를 만큼 그분과 친밀하게 지낸 인물이었다. 예수님께서 이들 집에 머물 때 마리아는 그분의 말씀을 경건하게 듣고, 마르타는 그분께 정성껏 시중을 들었다. 라자로가 병에 걸려 위독할 때도 두 자매는 예수님이 좋은 일을 해주실 것으로 믿고, 그분에게 소식을 알렸다. 예수님께서 도착하셨을 때는 이미 라자로가 죽은 후였지만, 예수님은 라자로의 죽음에 눈물을 흘리셨고, 나흘 동안 무덤에 있던 그를 죽음에서 살리셨다.

가정주부의 수호성인 마르타

예수님과 제자들이 예루살렘 가까이에 있는 마을, 베타니아를 지날 때 라자로와 그의 누이들인 마르타와 마리아의 집을 방문하셨다. 마르타는 기꺼이 자신의 집으로 그분을 모셨다. 예수님을 비롯해 한

마에스트로 드 페레라, **두 여동생 마르타와 마리아와 함께 있는 성 라자로**, 16세기경,
라자로 갈디아노 박물관, 마드리드

무리의 제자들이 마르타와 마리아의 집에 들이닥친다. 그녀는 무려
열세 명의 장정을 위해 음식을 잘 대접하기 위해 부엌에서 발을 동동
구르며 갖가지 시중드는 일로 분주했다. 마르타는 손님을 대접할 음
식을 준비하느라 눈코 뜰 새 없이 바쁜데 동생 마리아는 예수님 곁에

만 있었다. 예수님께서 그곳에 모여 있던 사람들에게 가르치고 계실 때, 마리아도 예수님의 발치에 편하게 앉아 말씀을 듣고 있다.

벨기에 도시인 안트베르펜 출신의 두 화가, 페테르 파울 루벤스 1577-1640와 얀 브뤼헐1601-1678은 멀리 푸른 풍경이 펼쳐진 마르타와 마리아의 집을 배경으로 풍속화처럼 루카 복음서의 내용을 충실히 묘사하고 있다.

예수님께서는 두 자매 가운데 앉아 계신다. 오른쪽에 마리아는 의자에 앉아 계시는 예수님보다 낮게 앉아 겸손하고 경건하게 그분을 바라보고 있다. 그녀는 말씀을 담은 책을 손에 들고 있고, 그녀의 등 뒤 탁자 위에 과일 바구니와 발치에 놓인 바구니 안에는 포도가 가득하다. 포도에 관한 이야기는 성경에 많이 나온다. 특히 이스라엘 사람들에게 포도는 평화와 축복을 의미하고, 알알이 맺힌 열매와 뻗어나가는 넝쿨은 다산과 풍요를 상징한다. 그러나 포도의 가장 큰 상징은 우리 죄에 대해 속죄하시려고 예수님이 흘리신 피를 포도주로 표현했다는 것이다. 지금도 미사 때 사용하는 미사주는 포도주이기에 그리스도교 신자들에게 포도는 특별한 의미의 과일임이 틀림없다.

마르타는 선 채로 예수님의 말씀을 듣고 있다. 앞치마를 두르고 옷소매를 걷어 올린 그녀의 모습은 정신없이 일하다가 부엌에서 나온 모습이다. 그녀는 투덜대며 예수님께 일하지 않는 동생을 타일러달라고 부탁한다. 그녀는 동생 마리아의 행동이 옳지 않다고 생각했다. 유다 전통에 따르면 여자들은 라삐가 가르치는 자리에 있을 수 없으며, 마리아의 의무는 부엌에서 마르타의 일을 돕는 것이었기 때문이

루벤스와 브뤼헐, **마르타와 마리아의 집을 방문한 그리스도**, 1619–1620, 더블린 내셔널갤러리

다. 아람어로 마르타는 "여주인, 부인"을 뜻하는 말로 마르타는 손님들의 시중을 총괄하는 한 집의 여주인격인 셈이다.

　"마르타야, 마르타야! 너는 많은 일을 염려하고 걱정하는구나."루

^{카 10. 41} 예수님이 마르타의 집에 머물 때, 그분께 더 잘 대접하기 위해 안절부절못하며 신경 쓰는 그녀에게 다소 섭섭하게 느낄 수 있는, 애정어린 꾸중을 하셨다. 예수님께서 영성적이고 지적인 일에 관심을 기울인 동생 마리아와는 달리, 마르타는 인간의 구체적인 현실에서 필요한 일들을 염려했다. 하지만 이러한 마르타의 가사 일에 대한 활동적인 면모 때문에 그녀는 중요하지 않은 듯하며 티도 잘 안 나고 주목받지 못하는 일의 수호자로, 가정주부의 수호성인이 된다. 이런 까닭에 화가들은 주로 예수님이 마리아와 마르타의 집에 오셨을 때, 동생 마리아는 예수님 가까이 말씀을 듣고 있고, 마르타는 예수님을 접대하기 위해 음식을 준비하는 모습으로 그렸다. 그녀의 주된 상징물은 부엌에서 쓰이는 도구와 열쇠 꾸러미, 혹은 양동이와 국자 같은 것이다. 가끔 그녀가 성수통과 성수채를 들고 있기도 하다. 전승에 따르면, 마르타가 타라스콘의 숲을 오염시킨 용을 성수통과 성수채를 이용하여 쫓아버렸다고 전한다.

이탈리아 화가 야코포 바사노^{1517경-1592}가 그의 아들 프란치스코 바사노¹⁵⁴⁹⁻¹⁵⁹²와 함께 예수님께서 마르타와 마리아의 집에 방문했을 때 음식 준비로 분주한 부엌의 장면을 구체적으로 그렸다. 벽난로가 있는 목가적인 부엌에는 음식 준비하는 사람들로 분주하다. 오른쪽 벽난로 아래에서 젊은 여인은 스프를 끓이고, 라자로는 식탁에 앉아 햄을 썰고 있다. 왼쪽에 소년은 마치 오병이어의 기적을 연상케 하는 물고기가 담긴 바구니에서 물고기를 손질하려고 바삐 움직이고 있다.

야코포 바사노, 프란치스코 바사노, **마르타와 마리아를 방문한 그리스도**, 1576–77년경,
새러 캠벨 블래퍼 재단, 휴스턴

    마르타는 손님을 대접할 음식을 준비하느라 눈코 뜰 새 없이 바쁜
데 동생 마리아는 예수님 곁에만 있었다. 왼쪽에 예수님께서 그곳에
모여 있던 사람들에게 말씀하고 계실 때, 마리아도 예수님의 곁에서
무릎을 꿇고 말씀을 경청하고 있다. 마르타가 조급해하고 염려하는
마음과는 달리 마리아는 예수님의 말씀을 들으며 그것을 마음속 깊
이 간직하고 있다. 반면, 마르타는 예수님과 제자들의 고픈 배를 채

울 수 있도록 다른 사람을 우선 배려하며 일상적인 일을 잘 해내는 것이 하느님의 뜻이었을 것이다. 그러나 예수님께서는 하느님 나라를 잊어버릴 만큼 마르타가 많은 바쁜 일에 깊이 빠지지 않길 바라시는 마음이셨을 것이다. '기도하고 일하라, Ora et labora'^{성 베네딕토}

마르타의 활동적인 모습은 오빠 라자로가 죽었을 때 예수님께서 오신다는 말을 듣고, 동생 마리아는 그냥 집에 있었지만, 마르타는 예수님을 맞으러 나갔다는 성경 말씀에서도 파악할 수 있다.

다시 살아난 라자로

라자로라는 이름은 루카복음과 요한복음에 기록되어 있다. 루카복음의 라자로는 부자와 라자로의 비유에 나오는 거지이며, 요한복음의 라자로는 예루살렘 근처인 베타니아에 사는 사람을 말한다. 성 라자로^{1세기경}는 베타니아에서 누이동생인 마르타와 마리아와 함께 살고 있었다. 예수님이 수난당하기 직전 유다국 동쪽인 페레아에 전교하실 때 라자로가 갑자기 병에 걸려 위독했다. 마르타와 마리아는 오빠가 아프니 제발 와서 구해달라고 예수님께 간청했다. 예수님께서 전갈을 받고 제자들과 함께 베타니아로 갔을 때는 이미 라자로는 이 세상 사람이 아니었고 장례를 지낸 지 4일이나 되었다. 예수님은 나흘 동안 무덤에 있던 라자로를 죽음에서 살리셨다.

미술에서 라자로의 모습은 요한복음의 이야기에 근거해서 예수님이 관 속에 있는 그를 살리는 장면이 가장 많다. 이탈리아 시에나 화

루카 디 톰메, **라자로의 소생**, 1362년경, 바티칸 박물관 회화관, 로마

파인 루카 디 톰메¹³³⁰년경⁻¹³⁸⁹는 바위가 많은 지역을 배경으로 라자로의 소생 장면을 묘사했다. 유대인의 관습에 따라 라자로의 무덤은

바위를 파서 만들어졌다. 그림 중앙에 그의 두 여동생 마르타와 마리아가 죽은 오빠를 살리고자 하는 절박한 심정을 두 자매의 무릎을 꿇은 행동과 표정으로 잘 드러내고 있다. 그들의 모습은 예수님만이 자신들의 소망을 채워줄 수 있다는 확고한 믿음을 대변하고 있다. 두 자매의 간절한 마음에 응답이라도 하듯, 왼쪽에 예수님은 힘과 권위와 단호함을 담은 시선으로 오른손을 들어 무덤에서 나온 라자로를 축복하고 계신다. 예수님께서 라자로를 향해 "라자로야, 이리 나와라"요한 11,43 하고 명령하신다. 말씀에 힘이 느껴진다. 평범한 말이 아니라 생명의 힘을 지닌 말씀이다. 예수님의 시선은 강한 에너지를 발산하여 썩어 냄새나는 라자로의 몸에 생명을 불어넣어 주는 듯하다. 유한한 생명을 영원한 생명으로 이끄는 분! 하느님만이 죽은 사람을 살리는 초자연적인 행위를 할 수 있기에, 이 광경은 예수님이 하느님의 아들 메시아임을 확실하게 드러내고 있다.

동굴 옆 사람들은 나흘 전에 죽은 사람에게서 나는 썩은 냄새 때문에 코를 막거나 옷자락으로 입을 가리고 있다. 예수님의 곁에 베타니아까지 따라온 제자들의 얼굴에는 이 위대한 기적에 몹시 두려운 표정과 경외의 감정이 역력하다. 화가는 예수님께서 죽은 자를 살리는 초자연적인 힘을 가진 분임을 예수님의 입에서부터 라자로의 입까지 연결된 선을 통해 직접 드러내고 있다. 예수님이 생명의 입김을 불어넣으시어 서서히 그는 눈이 열리고, 입술이 조금씩 벌어져 새로운 숨을 쉬게 될 것이다. 죽었던 라자로에게 서서히 생명의 기운이 돌아오고 있는 표현이다. 예수님의 말씀은 곧바로 현실이 된 것이다.

유다인들이 공공연히 자신을 돌로 쳐 죽이려는 것을 알면서도 예수님께서 라자로를 찾아와 다시 살리신 것은 이유가 있다. 라자로의 소생으로 예수님은 장차 일어날 자신의 죽음과 부활을 사람들에게 예고하시고, 더불어 하느님의 권능이 예수님과 함께하며 그분을 믿고 따르려는 이들과 함께한다는 것을 증명해 보이려고 하신 것이다.

라자로가 죽음에서 다시 살아난 후의 활약에 관해서 성경에서는 언급하고 있지 않다. 그러나 전승에 따르면, 라자로는 예수님께서 돌아가신 후 두 자매 마리아와 마르타와 함께 프랑스로 가서 복음을 전했다고 한다. 그는 마르세유의 첫 주교가 되어 수많은 사람을 개종시키고, 일생을 교회를 위해 봉사했다고 전한다. 라자로는 로마 황제 도미티아누스의 그리스도교 박해 때에 순교했다고 한다.

"예수님께서는 눈물을 흘리셨다."_ 요한 11, 35

가브리엘·미카엘·라파엘

하느님의 구원 계획을 전하고 지키며 치유하는 대천사들

성경에서 천사의 수는 "무수한 천사들"히브 12,22 , "수백 만 수억 만"묵시 5,11 등 무한으로 설명된다. 이러한 천사들 사이에도 구분이 있어, 종류가 있고 등급이 있다. 천사론을 주창한 디오니시우스 아레오파지타는 천사들의 세계에 대해 처음으로 신학적 틀을 제공했는데, 그는 천사를 순수한 정신적 존재로 규정하면서 각 천사계급을 임무에 따라 특징지었다. 그 가운데 가브리엘, 미카엘, 라파엘은 인간에게 직접 관여하는 천사의 무리에 속한다. 하늘의 존재로서 대천사만이 이름을 가지며, 이들은 각각 이름과 역할을 통해 자신을 규명한다.

하느님의 전령 성 가브리엘 대천사

성 가브리엘 대천사는 다니엘에게 나타나 그가 본 환시와 예언의 의미를 해석해 주었고^{다니 8,16-26}, 스카르야에게 요한 세례자의 탄생을 알렸다.^{루카 1,11-21} 특히 마리아에게 나타나 예수님을 잉태한 사실을 알린 하느님의 사자이다.^{루카 1,26-38}

가브리엘 대천사에 관한 그림은 단연 가브리엘이 주님의 대변자로서 성령으로 말미암은 잉태를 마리아에게 예고^{수태고지}하는 장면이다. '수태고지' 도상은 기본적으로 대천사, 마리아, 그리고 마리아를 향해 하늘에서 내려오는 성령의 비둘기가 나타난다. 일반적으로 가브리엘은 손에 지팡이와 홀, 그리고 순결을 상징하는 백합을 자주 들고 있다. '세 송이의 백합은 마리아가 출산 이전에도 동정이셨고, 출산 중과 출산 후에도 동정이셨다^{ante partum, in partu, post partum}'는 것으로 마리아의 끝까지 티 없으신 동정녀를 의미한다.

시에나에서 활동한 시모네 마르티니^{1283년경-1344년경}의 '수태고지'에는 올리브 가지를 든 대천사가 등장한다. 올리브 가지의 표현은 당시 이탈리아의 피렌체와 시에나 지역 간의 적대 관계에서 비롯된 것으로, 백합이 피렌체를 상징하는 꽃이었기 때문이다. 올리브 가지는 하느님이 인간과 새롭게 맺은 평화의 표징이기도 하다. 대천사가 든 올리브 가지는 말씀의 육화를 통해 하느님과 인간 사이에 일체적 평화를 상징한다.

◀ 페루지노, **성모자와 대천사들**(일부), 1496-1500년경, 런던 내셔널 갤러리

시모네 마르티니, **수태고지**, 1333, 목판에 템페라, 우피치 미술관, 피렌체

영혼의 무게를 다는 성 미카엘 대천사

성경에서 악을 물리치는 역할을 담당한 대천사는 미카엘이다. 구약성경에서 미카엘 대천사는 이방의 적들과 직접 싸우며, 요한묵시록에서는 악의 세력으로 상징되는 용과 싸운다. 일품 제후 천사들 가운데 하나인 미카엘을 페르시아 임금들 곁에 남겨 두고 페르시아 호국 신과 겨루며^{다니엘 10,13}, 나라가 생긴 이래 일찍이 없었던 재앙의 때

가 왔을 때 책에 쓰인 악마와 다투어 이스라엘을 지켜주고^{다니엘 12,1}, 대천사로서 모세의 주검을 놓고 악마와 다투며^{유다 1,9}, 미카엘과 그의 천사들이 사탄인 용과 그의 부하들이 하늘에는 더 이상 그들을 위한 자리가 없도록 무찌른다. ^{묵시 12,7-8}

미카엘 대천사의 도상은 일반적으로 요한묵시록의 내용에 바탕을 두고 발전해왔다. 악의 세력을 물리치는 미카엘의 모습은 창과 검, 방패로 무장한 전사^{戰士}의 역할이 강조되어 있다. 대부분 대천사는 악에 대한 승리로 긴 창을 용의 입에 겨누거나 용의 머리를 밟고 서 있는 모습으로 묘사된다. 전사로서 미카엘은 특히 인간의 영혼 구원과 관련된 주제로 자주 등장한다. 중세 말 경우에는 개인 구원의 관심과 국가나 왕, 일족이나 가족 구성원의 구원을 대체하여 미카엘은 무장한 용사가 아닌 사제의 복장으로 죽은 영혼을 이끄는 역할자로도 표현된다.

플랑드르 화가 로히어르 반 데르 베이던^{1399년경-1464}의 〈최후의 심판〉 역시 영혼의 구원에 대한 관심을 주제로 다루고 있다. 천상에는 심판자 그리스도를 중심으로 성모 마리아와 요한 세례자, 사도들이 자리하고 있다. 네 명의 천사는 그리스도의 수난을 상징하는 표징^{돌기둥, 십자가, 가시관, 창과 해면}들을 들고 떠 있다. 그리고 다른 네 명의 천사는 미카엘 대천사를 둘러싸고 세상 종말을 알리는 나팔을 불고 있다.

지상의 대천사 미카엘은 죽음에서 깨어난 자들의 영혼을 달고 있다. 대천사는 칼 대신 공정의 도구인 저울을 들어 최후 심판의 날에 의인과 악인의 영혼을 나누고 있다. 최후의 심판을 다루는 로지에의

로히어르 반 데르 베이던, **최후의 심판**(일부), 1445–1450, 패널에 유채, 본 오텔 디외 미술관, 프랑스

그림에서 권좌에 앉은 재림의 그리스도가 강조되었다기보다 미카엘
이 중심적인 위치를 차지한다. 살아서 지은 죄와 선행을 재는 미카엘
에게 더 큰 의미가 부여되고 있으며 복장도 사제의 복장으로 영생과
영벌의 심판을 담당하는 자의 성격이 강조되고 있다.

　미카엘 대천사가 들고 있는 저울에는 죽은 자의 상징인 벌거벗은 육체가 양쪽에 달려있다. 저울 왼쪽 접시에 사람^{의인}은 가벼운 영혼으로 정화되어 하늘로 오를 준비를 하고 있다. 오른쪽 접시에 앉은 사람^{악인}은 죄를 지은 영혼으로 천국으로 올라가지 못하고 지옥으로 던져질 것이다. 요한묵시록에 따라서 최후의 심판을 알리는 천사들의 나팔 소리와 함께 대천사는 양쪽 저울에 죽은 자들 각각의 죄의 무게를 가늠하고 있다.

미카엘 대천사는 빛과 어둠, 선과 악, 구원과 타락 등에서 악의 세력을 물리치고 믿는 사람의 영혼을 보호하고 임종 때 피난처가 되어주어 임종자와 경찰의 수호자이기도 하다.

치유의 대천사 성 라파엘

가브리엘 대천사와 미카엘 대천사에 이은 세 번째 대천사 라파엘은 『토빗기』에 등장하는 천사이다. 히브리말로 라파엘의 이름은 '하느님이 치유하신다'라는 의미를 가지며, 라파엘은 치유하는 천사로 알려져 있다.

토빗기에 따르면, 의로운 토빗이 아들^{토비야}과 니네베에서 포로 생활을 하며 전 재산을 잃고 말년에는 시력도 잃었지만, 하느님께는 충실했다. 토빗은 어린 아들 토비야를 위해 오래전에 친구에게 맡겨두었던 돈을 찾으려고 아들을 그 친구에게 보낸다. 토빗은 주님께 아들의 긴 여행을 보호해 달라고 기도했고, 주님께서는 눈먼 아버지를 대신하여 먼 길을 여행하는 토비야에게 라파엘 대천사를 보냈다. 토비야는 대천사와 함께 믿음직한 개를 데리고 여행길을 나섰다. 라파엘

치마 다 코넬리아노, **라파엘 대천사와 토비야**, 1500년경, 아카데미아 미술관, 베네치아

은 토비야와 동행하며 안전한 길 안내와 여러 위험에서 그를 지켜주었다.

　많은 화가는 라파엘 대천사를 토비야 이야기 속에서 영감을 받아 그렸다. 주요 주제는 라파엘과 함께 개를 데리고 여행하는 토비야가 물고기의 내장을 담은 병을 들고 걷는 장면이나 눈먼 토빗을 치료하는 장면이다. 티그리스 강가에 다다른 토비야가 거대한 물고기의 공격을 받자 라파엘은 토비야를 도와 그 물고기를 잡았다. 토비야에게 물고기의 염통, 간, 쓸개를 보관해 두라고 이르며, 물고기의 염통과 간은 악마를 쫓아내게 될 것이고 쓸개는 눈먼 사람을 치유하게 될 것이라고 덧붙였다. 라파엘은 토비야에게 라구엘의 딸 사라와 결혼하도록 도왔다. 마귀 때문에 사라의 일곱 남편은 모두 첫날밤에 죽었으니 라파엘이 토비야에게 물고기의 염통과 간을 태워 그 냄새로 인해 악마로부터 사라를 구해낼 방법을 알려주었다. 그리고 사라와 함께 귀향한 토비야가 물고기의 쓸개즙을 아버지의 눈에 발라 치료하자 토빗이 눈을 떴다. 이런 까닭에 오래전에는 아들이 여행하게 되면 여행길의 안전을 위해 천사와 토비야가 등장하는 모습의 그림을 주문하기도 하고, 시력을 잃은 사람은 시력을 되찾고 싶은 희망에서 토비야가 그려진 그림을 주문하기도 했다.

치마 다 코르넬리아노[1459년경-1517년경]는 전통적으로 함께 길을 동행하는 소재로 삼던 라파엘 대천사와 토비야와는 달리 낮은 돌무덤 위에 서 있는 모습으로 나타내고 있다. 이들 발아래에는 여행을 함께 간 강아지 한 마리도 보인다. 라파엘은 손을 들어 무엇인가 토비야에게 설명하고, 토비야는 한 손은 물고기를 들고 있고, 다른 한 손은 라파엘의 소매를 잡은 채 자신의 수호천사를 바라보고 있다. 이들 좌우에는 순례자의 수호성인 성 야고보와 아이들의 수호성인 성 니콜라우스가 둘러서 있다. 이들 역시 라파엘 대천사의 수호자 역할과 부합된다. "네 모든 길에서 너를 지키게 하시리라."[시편 91,11] 미술에서 수호천사는 주로 성인이나 순교자의 곁에서 위험이나 유혹, 곤경을 막거나 경고해주는 모습으로 등장한다.

> "모든 신자의 곁에는 그들을 생명으로 인도하는 보호자이자 목자인 천사가 있다." _ 가톨릭 교리서 336항

회개와 봉헌

아가타 · 루치아 · 아녜스

우르술라 · 바르바라 · 체칠리아

세바스티아노 · 에우스타키오 · 플로리아노

파우스티노 · 요비타, 고스마 · 다미아노

알렉산드리아의 카타리나 · 시에나의 카타리나

마리아 막달레나 · 이집트의 마리아 · 마르가리타

라우렌시오 · 이보 · 프란치스카

그리스도께 봉헌된 삶을 선택한 동정 순교자들

로마 황제들이 그리스도교 탄압 정책으로 그리스도교인들을 약 250년간 박해하고 탄압했는데, 긴 세월 동안 형언할 수 없는 참혹한 일들이 일어났다. 박해시대의 순교자 중에 이미 어려서부터 그리스도에게 자신을 바쳐 정결을 지키며 살기로 결심한 순교 성녀들이 있다.

수르바란, **성녀 아가타**, 1630–1633, 파브르 박물관, 몽펠리에, 프랑스

수르바란, **성녀 루치아**, 1636, 샤르트르 미술관, 프랑스

수르바란, **성녀 아녜스**, 1635년경, 세비아 미술관, 스페인

착하고 어진 성녀 아가타

성녀 아가타[3세기경]는 13세기부터 전해 내려오는 『황금전설』에 따르면, "고귀한 귀족 태생으로 아름다운 육체를 지닌" 그녀는 시칠리아섬의 카타니아에서 살았다. 당시 로마 황제 데키우스가 그리스도교를 탄압했던 시기로[240-251], 수많은 그리스도교 신자가 탄압과 핍박을 받으며 순교했다.

아가타의 어원은 그리스어로 '착하고 어질다'라는 뜻을 가진다. 그녀는 이름만큼이나 선하며 아름다웠다. 이교도인 시칠리아의 총독 퀸티아노는 아가타의 아름다움에 반해 청혼했으나, 아가타는 이미 어릴 때부터 그리스도께 자신을 바쳐 일생토록 정결을 지키며 살기로 서원하였기에 총독의 청혼을 거절했다. 몹시 화가 난 퀸티아노는 아가타를 매음굴로 보내어 온갖 회유와 협박으로 그녀의 마음을 얻으려 하나, 그녀의 마음을 바꾸지는 못했다. 이때 아가타는 하느님께 "저는 주님의 양이오니, 제 모든 것을 차지하시고, 제가 악을 이겨낼 수 있도록 해 주소서. 아멘" 하며 자신의 믿음을 굳건히 했다. 결국, 퀸티아노는 아가타의 신앙과 정절을 포기하게 하려고 그녀의 가슴을 도려내도록 명령했다. 이에 아가타는 "내 육체는 도려낼지라도 내 영혼을 도려낼 수 없을 것이오"라고 말했다.

이러한 이야기로 많은 화가는 아가타의 모습을 그녀의 가슴을 도려내는 장면이나 도려낸 가슴을 그녀가 쟁반에 담아 들고 있는 모습을 그리곤 한다. 베네치아 화가 잠바티스타 티에폴로[1696-1770]의 〈성녀 아가타의 순교〉 작품에서도 아가타의 모습을 매우 아름답게 묘사

하고 있으나, 그녀의 가슴은 이미 고문으로 도려내져 그림 왼쪽 아래에 놓여있다. 하지만 아가타의 모습은 고문의 고통보다는 그녀의 얼굴과 하늘을 향한 두 손의 동작에서, 그리스도에게 봉헌된 그녀의 삶을 엿볼 수 있다.

이토록 끔찍한 고문을 받은 아가타는 감옥으로 끌려갔으며, 아무런 치료를 취하지 못하게 했다. 그러나 가슴이 잘린 고통에 시달리던 그녀에게 환시로 하느님께서 보내신 성 베드로를 보았고, 베드로가 치료해준 덕에 그녀의 가슴은 예전과 같았다. 그림에서처럼, 하늘에서 성 베드로와 천사가 내려오고 있다. 하느님께서 성 베드로에게 아가타를 보살피고 치료하실 것을 당부하신 것이다. 천사는 쟁반 위에 상처를 치료할 약을 들고 조심스럽게 내려오고 있다. 성 베드로에게 상처를 치료받지만, 아가타는 마침내 사형을 선고받고, 석탄불에 태워지는 형벌을 받고 순교했다.

"주님, 저의 창조주시여, 당신은 제가 어릴 때부터 저를 언제나
보호해 주셨나이다. 당신은 세상의 사랑으로부터 저를 택하시
고, 고통을 견딜 인내를 주셨습니다. 제 영혼을 받으소서"

_ 성녀 아가타의 마지막 기도 중에서

◀ 티에폴로, **성녀 아가타의 순교**, 1737, 성 안토니오 성당, 파도바, 이탈리아

빛의 수호성인 성녀 루치아

화가 잠바티스타 티에폴로는 15세기에 건축된 베네치아의 코너 경당의 제단화로 성녀 루치아를 주제로도 그림을 그렸다. 그녀가 순교의 순간에 마지막으로 성체를 모시는 장면이다. 전설에 따르면, 루치아는 칼에 목이 찔린 후 성체를 받고 순교했다고 전한다. 디오클레티아누스 황제의 그리스도교 박해가 절정에 달한 시기에 그녀는 재판관에 끌려가 배교를 강요당했다. 물론 굴복할 루치아는 아니었다.

루치아는 로마 제국의 그리스도교 박해 말기에 시칠리아섬의 시라쿠사에서 신심이 깊은 신자였던 윤택한 귀족의 부모로부터 태어났다. 그녀의 아버지는 일찍 돌아가셨고, 그녀의 어머니는 딸을 부유한 귀족과 약혼시켰다. 그러나 루치아는 이미 하느님께 몸을 봉헌할 것을 결심한 상태였다.

루치아의 어머니가 병으로 고생하고 있을 때, 그녀는 어머니를 부축하여 성녀 아가타의 무덤에 가서 기도했는데, 어머니의 병이 말끔히 완쾌되었다. 이 일 이후 루치아는 어머니에게 오래전부터 죽을 때까지 동정을 지킬 것을 서원했으니 허락해 달라고 요청했다. 어머니는 놀랐지만, 그녀의 요청을 승낙했다. 그 후 성녀는 자신의 결혼 준비를 위해 마련했던 모든 재산을 가난한 사람들에게 나누어주고 결혼하지 않았다. 그 결과 루치아의 약혼자는 몹시 분개하여 그녀를 시라쿠사의 재판관에게 고발했다.

재판관 앞에 끌려간 루치아는 온갖 고문을 받으며 그리스도교 신앙을 버리도록 강요받았다. 그림에서 성녀 루치아는 일반적으로 접

티에폴로, **성녀 루치아의 영성체**, 1748–1750, 산티 아포스텔리 성당, 베네치아

시에 자기 눈을 들고 있는 모습으로 그려진다. 티에폴로의 작품에서도 화면 가장 아랫부분에 피가 묻은 칼과 그녀의 뽑혀진 눈이 접시에 놓여있다.

　루치아의 이름은 "빛"을 의미하는 룩스라는 단어에서 유래했다. 또한 빛과 관련하여 그녀가 눈알이 뽑히는 형벌을 받았다고 전해진다. 그러나 천사들이 그녀의 뽑힌 눈알을 돌려주어 다시 볼 수 있었다고 한다. 이 때문에 루치아는 시력을 잃거나 약한 사람들, 눈병으로 고생하는 사람들의 수호성인으로 공경받고 있다. 또한 재판관은 그녀를 매음굴로 보내 남자들에게 몸을 탐하라고 명령했다. 그때 루치아가 하늘을 우러러 하느님의 보호를 청하였는데, 기이하게도 그녀의 육체는 갑자기 반석같이 무거워져서 힘센 장정 5-6명이 밀고 끌어도 꼼짝하지 안 할 뿐만 아니라, 나중에 소들을 매달아 끌어 보았으나 전혀 움직이지 않았다. 그래서 루치아를 장작더미에 태우려 했으나 그녀의 몸이 타는 기색이 전혀 없었다. 마침내 재판관은 형리를 시켜 루치아의 목을 베도록 했다. 그녀는 목이 베어진 후에도 오래 생명이 유지되어 성체를 모실 수 있었다. 이에 루치아는 순교의 종려나무 가지나 순교할 때 사용된 칼이나 단도를 지닌 모습도 볼 수 있다. 또한 그녀를 움직이지 못했던 소들도 함께 그려지기도 한다.

　티에폴로는 젊고 아름다운 모습의 루치아가 무릎을 꿇고 마지막으로 성체를 모시는 장면을 묘사했다. 그녀의 모습은 모진 고문과 칼로 목이 베인 순간 죽음의 두려움보다는 그리스도와의 깊은 만남이 이루어지는 시간을 고대하는 표정이다. 루치아의 얼굴과 두 손을 가슴에 얹은 동작에서 그리스도에게 온전히 봉헌된 그녀의 삶과 마음을 엿볼 수 있다.

"어둠에서부터 은밀한 것을 드러내시고 암흑을 빛 속으로 끌어
내시는 분"_욥 13, 22

순결의 수호성인 성녀 아녜스

성녀 아녜스는 로마의 귀족 출신으로 아주 어린 나이에 순결한 생
활을 희망하며 그리스도께 자신을 봉헌하기를 결심한다. 뛰어난 미
모를 지닌 그녀에게 많은 젊은이가 관심을 보이며 청혼하나, 그녀는
모두 거절한다. 황제 디오클레티아누스 박해 때, 아녜스는 우상의 신
들 앞에서 제사 지낼 것을 강요받고 거부하자, 집정관이 베스타 신전
의 정녀貞女가 되라고 명령한다. 성 암브로시오 주교의 기록에 의하
면, 아녜스는 "성호를 긋는 것 외에 절대로 그녀의 손을 움직이게 할
수 없었다"고 한다. 화가 난 집정관은 그녀를 발가벗겨 매음굴로 보
낸다. 그러나 그녀의 긴 머리가 빨리 자라나 수치심을 느끼지 않도록
그녀의 머리카락이 온몸을 감싸며 보호했다고 한다. 아녜스가 매음
굴에 도착하자, 하늘에서 내려온 천사가 빛나는 하얀 천으로 그녀의
몸을 감싸준다.

스페인 바로크 화가 리베라1591~1652는 명암대조와 자연주의적 치
밀한 묘사로 성녀 아녜스의 모습을 표현한다. 리베라는 스페인의 발
렌시아 출신이지만 이탈리아에서 활동했던 그는 자연스럽게 로마미
술을 직접 접할 기회를 가지며, 카라바조의 명암대조와 사실주의적

리베라, **천사가 준 망토를 덮고 있는 성녀 아녜스**, 1647, 드레스덴 국립미술관, 독일

묘사에 영향을 받는다. 이러한 회화적 요소는 리베라가 그린 성인·성녀의 참회하거나 박해받는 모습, 고통받는 그리스도의 모습 등 정신적·육체적 고통과 묵상을 강조하는 방법으로 사용된다.

왼쪽 위에 날개 달린 천사가 흰 천을 내려주어 아녜스는 자신의 몸을 감싸고 있다. 두 손을 합장하고 무릎을 꿇은 그녀 뒷배경은 단조로우나, 그녀와 명암 대조를 이루는 환한 금빛으로 성스러운 하늘의 은총이 가득한 분위기를 자아낸다. 빛과 어둠의 대조는 하늘을 향한 그녀의 관조적 시선과 함께 이 공간을 매음굴이 아닌 기도 장소로 만들고 있다.

아녜스는 "그리스도는 나의 배우자"라고 대답하며, 자신에게 접근하는 남자들에게 끝까지 굽히지 않았다고 한다. 결국, 그녀는 304년경에 13세 나이로 참수형을 선고받고 순교한다. 사형장으로 끌려가면서도 아녜스는 "결혼식장에 들어가는 이들보다도 더 기쁘게 사형집행장으로 갔다"고 전한다.

그리스 어원을 지닌 아녜스의 뜻은 "순수한, 순결한"으로, 실제로 아녜스는 정결한 몸을 하느님께 봉헌한 것이다. 이러한 그녀의 정결과 봉헌의 의미는 많은 화가가 성녀 아녜스를 백합꽃과 어린 양과 함께 있는 모습으로 그리곤 한다. 아녜스[Agnes]란 이름이 "어린 양"을 의미하는 라틴어 아뉴스[Agnus]와 연관되기 때문이다. 양은 젊음과 순수함, 그리고 하느님에 대한 자신의 희생을 상징한다.

"당신들은 칼로 나의 몸을 피로 물들게 할 수는 있지만, 그리스도께 바친 나를 결코 더럽게 할 수는 없다."

_ 암브로시오 주교의 〈동정에 관하여〉

신앙의 아름다움을
순교의 빛으로 비춘 여인들

그리스도교는 선교 초기에 로마제국의 관용적인 태도로 종교 활동의
자유를 누렸다. 그러나 로마가 사회·정치적으로 점차 혼란기에 들어
서자 확장세에 있던 그리스도교는 정치적인 탄압을 받았다. 디오클
레티아누스 황제재위 284-308 시기에는 그리스도교의 탄압이 절정에 달

했다. 이후 콘스탄티누스 황제^{재위 306-337}시기에 이르러 밀라노 관용령^{313년}을 내렸고, 콘스탄티누스는 스스로 그리스도교로 개종을 했다. 이후 그리스도교는 국가에서 장려하는 제도로서 황제가 임명한 주교들에 의해 관할되는 교회로 발전하게 되었다.

하지만, 탄압으로 수많은 순교자가 생겼고, 그 가운데 잘 알려진 성녀들로는 루치아, 마르가리타, 바르바라, 아가타, 아녜스, 우르술라, 알렉산드리아의 카타리나 등이 있다.

보호자 성녀 우르술라

성녀 우르술라^{4세기경}에 관한 이야기는 세월을 따라 그 내용이 풍부하게 더해졌다. 10세기에 기록된 성인전에는 8세기에 독일 쾰른의 고대 그리스도교 묘지에서 젊은 여인들의 유골이 발견되었다고 했다. 발견된 유골과 묘비에는 우르술라의 이름이 기록되었다. 그러나 이 묘비의 해석이 와전되어 그녀는 1만 1천 명의 처녀와 함께 순교했다는 전설이 생겨났다. 묘비에는 우르술라를 포함한 11M에 대한 내용이 새겨져 있었다^{XIMV}. 그런데 'XI MV'가 '11명의 동정 순교자'로 번역되어야 하는데, '11,000명의 동정녀'로 번역되었다. 순교^{Martyres}의 약자 'M'을 1천^{Milla}의 약자로 번역한 데서 온 오류이다. 그럼에도 불구하고 13세기 기록된 『황금전설』에서는 그녀와 1만 1천 명의 처녀 이야기를 경이롭게 풀어 놓았다.

◀ 작가 미상, **동정녀와 성녀들의 행렬**, 6세기경, 산 아폴리나레 누오보, 라벤나, 이탈리아

그리스도교인인 영국 왕의 딸이었던 우르술라는 두 가지 조건을 들어준다는 약속을 받고 이교도인 왕자와 약혼했다. 첫 번째는 왕자가 그리스도교로 개종하는 것이었고, 두 번째는 우르술라의 신분에 어울릴만한 열 명의 처녀와 그들에게 각각 천 명의 수행자를 내려주고 이들과 함께 로마까지 3년의 순례 여행을 달라는 것이었다. 왕자는 두 조건을 모두 받아들였다.

우르술라와 일행은 배를 타고 독일의 쾰른을 거쳐 스위스의 바젤에 이르렀고, 그곳부터 걸어서 로마에 도착하여 교황을 만났다. 이들은 순례 여행을 마치고 다시 귀향길에 올랐으나, 이들이 다시 도착한 쾰른에는 훈족이 점령하고 있었다. 훈족의 왕 아틸라는 우르술라와 그 일행에게 그리스도교를 포기하도록 고문을 했으나, 이들은 신앙을 끝까지 지키며 순교했다. 한편 아틸라 왕은 우르술라의 미모에 반해 청혼했으나, 거절당하자 그녀를 무참하게 화살로 쏘았다. 끝내 우르술라는 동정녀로 순교했다.

미술에서 우르술라는 로마 순례 여행에서 교황과 만남, 그녀의 순교를 예고한 천사와의 만남, 배를 타고 수많은 일행과 긴 순례 여행을 시작하는 모습, 순교 장면 등을 주제로 나타난다. 일반적으로 우르술라는 영국 왕의 딸인 공주로 왕관을 쓰고 있으며 순교의 종려나무, 순교 당한 화살, 죽음을 극복한 붉은 십자가가 그려진 흰 깃발, 배 등이 상징물이다. 때로는 그녀가 성모 마리아의 자비로운 모습처럼 넓은 망토를 펼쳐 자신을 따르는 자녀들을 보호하는 모습으로도 그려진다.

안토니오 비바리니, **성녀 우르술라 제단화**, 패널에 템페라, 1440-1445, 교구박물관, 브레시아, 이탈리아

이탈리아 화가 안토니오 비바리니^{1418경-1476경}는 브레시아의 성 베드로 인 올리베토 성당의 세 폭 제단화의 중앙에 우르술라를 배치했고, 양쪽에 각각 성 베드로^{왼쪽, 열쇠와 성경책}와 성 바오로^{오른쪽, 긴 검과 서한집}를 그렸다. 우르술라는 아름답고 우아한 복장에 화려한 왕관을 쓴 모습으로 공주의 면모를 잘 보여주고 있다. 그녀의 양손에는 붉은 십자가가 새겨진 커다란 흰 깃발을 들고 있다. 우르술라와 순례 여행을 동행한 수많은 젊은 여인 역시 죽음을 극복한 승리의 깃발, 순교의 의미를 지닌 깃발을 손에 잡고 그녀와 뜻을 함께하고 있다.

거룩한 성녀 바르바라

성녀 바르바라[4세기경]는 이교도인 디오스코루스의 딸로 영특하고 아름다운 미모를 지니고 있었다. 딸을 너무 사랑한 그녀의 아버지는 딸이 좋지 못한 사람과 가까이하거나 그리스도교인과 만나는 것을 우려하여 견고한 탑을 마련하여 그 안에 딸을 가두었다. 그러나 바르바라는 아버지가 여행으로 오랫동안 부재중인 틈을 타서 그리스도인이 되었다. 그리스도인이 된 딸에게 화가 난 아버지는 바르바라를 매질하고 온갖 고통을 주고, 결박하여 재판관에 넘겼다. 재판관은 그녀에게 배교를 요구하며 모진 고문을 가했지만, 죽음이 두려워 신앙을 버릴 그녀가 아니었다. 끝내 바르바라는 참수형을 선고 받았다.

15세기 피렌체 출신 코시모 로셀리[1439-1507]는 독일인 공동체의 의뢰로 피렌체의 산 안눈치아타 성당에 성녀 바르바라와 두 성인[요한 세례자와 마태오]의 자태를 장식적이고 우아하게 나타내고 있다. 그림의 가장 아랫부분에 '독일인 공동체는 거룩한 성녀 바르바라의 축일을 기리며 경외하는 마음으로 이 그림을 성녀에게 바친다'라고 적혀 있다.

그림 중심에 바르바라는 젊고 아름다운 여인의 모습으로 성 요한 세례자와 성 마태오 사이에 서 있다. 그녀의 어깨까지 가지런하게 내려온 고운 금발의 머리와 보석 장식이 달린 붉은 색 드레스에 푸른 망토는 그녀의 우아함을 한층 돋보이게 한다. 바르바라는 오른손에 순교의 상징인 종려나무가지를 들고 있고, 왼손에는 탑 모양의 건축 모형을 들고 있다. 탑은 그녀의 아버지가 그녀를 가두었던 탑을 상기시키고, 탑은 그녀가 일꾼에게 삼위일체를 상징하는 뜻에서 세 개의

코시모 로셀리, 성 요한 세례자와 성 마태오와 함께 있는 성녀 바르바라,
1468-1469, 아카데미아 미술관, 피렌체

창문을 내도록 요청했다고 한다. 가끔 그림에서 바르바라가 공작새 깃털을 들고 있는데, 이는 그녀가 체포되어 채찍질 당할 때 채찍이 공작새 깃털로 변했다는 이야기에서 기인한 것이다.

오른쪽에는 성 마태오가 성경책과 단검을 들고 서 있고, 왼쪽에 피렌체의 수호성인인 성 요한 세례자는 관람자를 바라보고 있다. 그의 오른손은 바르바라를 가리키며 우리를 그녀 쪽으로 이끈다. 요한 세례자는 넝마 같은 짐승의 털로 만들어진 옷을 입고, 왼손에는 그의 전형적인 상징물인 갈대로 만들어진 십자가를 쥐고 있다. 그 위에 감긴 종이 위에 "하느님의 어린양이시다$^{Ecce\ Agnus\ Dei}$"라고 적혀 있다.

또한 바르바라의 발밑에는 양쪽 어깨에 사자 머리가 장식된 갑옷을 입고 널브러진 기사가 보인다. 턱수염을 가진 기사의 얼굴은 공교롭게도 그녀의 아버지로 전해진다. 그녀의 아버지는 딸이 사형이 선고되자 자신의 손으로 직접 딸을 참수했다. 참으로 이해할 수 없는 아버지의 소행은 하늘이 어두워지고 마른번개가 번쩍이는 순간 땅이 무너지는 듯한 천둥소리와 함께 그녀의 아버지는 벼락에 맞아 죽었다. 번개에 맞아 죽은 아버지에 근거하여 바르바라는 포탄, 번개, 광산으로 인해 갑작스럽게 죽음을 맞은 사람의 수호성인이 되었다. 아버지의 죽음은 바르바라가 죽기까지 신앙을 굳게 지킨 순교의 승리를 상징적으로 보여준다. 그녀의 뒤에·두 천사가 걷은 장막 뒤에는 천상의 세계를 연상케 하는 꽃들이 가득한 푸른 숲과 선명한 푸른 하늘이 펼쳐져 있다.

음악가의 수호성인 성녀 체칠리아

파이프 오르간, 하프, 콘트라베이스, 류트, 비올라 그리고 모든 현악기는 성녀 체칠리아^{3세기경}와 함께 나타난다. 그녀가 등장하는 작품에서는 훌륭한 음악가, 무엇보다도 현악기와 건반 악기 연주가로 묘사되곤 한다. 그래서 그녀는 모든 음악가의 수호성인으로 알려져 있다. 실제 체칠리아의 생애와 음악은 연관이 없다. 다만, 전승에 따르

카를로 사라체니, 성녀 체칠리아의 죽음, 1610년경, 카운티 미술관, 로스앤젤레스

면 그녀가 결혼식에서 내적으로 하느님께 찬양하는 마음의 노래를 불렀다고 하는데, 이것이 와전되어 그녀는 오르간에 맞추어 노래한 것으로 전해져, 음악의 주보성인으로 악기를 든 모습으로 등장한다.

체칠리아는 로마의 유서 깊은 명문 귀족의 딸로서, 신앙심 깊은 그리스도인으로 자랐으며 어려서부터 하느님께 몸을 봉헌했지만, 권세 있는 이교도 집안의 청년 발레리아노와 결혼했다. 그녀는 발레리아노에게 자신은 동정을 서약했으니 존중해주기 바라며, 하느님의 천사가 자신을 특별히 보호하고 있다고 했다. 발레리아노는 그녀에게 천사를 보게 해주면 그녀의 요청을 받아들이겠다고 했다. 발레리아노는 그녀의 뜻에 따라 교리를 배우고 세례를 받게 되었고, 그는 체칠리아의 수호천사를 볼 수 있었다. 이때 발레리아노는 천사에게 장미 화관을, 체칠리아는 백합 화관을 받았다.

체칠리아는 로마의 신들에게 제물을 바칠 것을 거부하여 참수형을 선고받았다. 전설에 의하면, 그녀는 뜨거운 목욕탕에 가둔 채 쪄서 죽이는 형벌을 받았으나, 그 안에서 하루가 지났음에도 죽지 않자 참수형을 받게 되었다. 지독한 고문에서 살아나 결국 목이 잘리게 되었으나 그것조차 쉽지 않았다. 형리가 3번이나 체칠리아의 목에 칼을 휘둘렀으나 역시 목이 잘려나가지 않았으며, 사흘 동안 목숨을 연명하다가 순교했다.

작품에서 체칠리아의 모습은 간혹 결혼식 장면이나 그녀가 뜨거운 목욕탕에서 물통이나 기름통에서 고문을 당하는 모습으로 나타난다. 그러나 체칠리아의 전형적인 모습은 악기의 수호성인답게 악기를 손에 들고 있는 장면이다. 이탈리아 바로크 화가 카를로 사라체니 1580-1620는 빛과 어둠의 강렬한 대비를 통해 체칠리아의 죽음의 순간을 극적으로 표현했다. 오른쪽 사형집행인은 긴 검을 들고 체칠리아의 목을 베기 위해 왼손을 들어 올려 그녀의 머리를 움켜쥐려 한다. 바닥에는 그녀가 음악의 수호성인임을 의미하는 악보를 비롯해 각종 악기가 놓여 있다. 아무렇게나 널려져 있는 물건들과 천사와 체칠리아, 사형집행인의 큰 움직임은 그녀의 급박한 죽음의 순간을 강조하고 있다. 순교를 상징하는 붉은색 옷과 동정녀를 상징하는 흰색 옷을 입은 그녀의 얼굴에서 약간의 두려움이 묻어난다. 하지만 천사를 바라보며 십자가 형태처럼 양팔을 벌린 그녀의 동작에서는 순교를 받아들이고 있음을 엿볼 수 있다. 천사의 왼손은 그녀의 머리 위에 놓여있고, 오른손은 하늘을 가리키고 있다. 천사는 하느님께 자신을 봉헌한 체칠리아의 영혼을 받아들여 하늘로 올리려 한다.

"감사드리며 그분 앞으로 나아가세. 노래하며 그분께 환성 올리세." _ 시편 95. 2

세바스티아노 · 에우스타키오 · 플로리아노

믿음으로 무장된
로마 제국의 군인들

로마의 초기 그리스도교 탄압은 1세기부터 4세기 초까지 로마 제국
전역에서 산발적으로 일어났다. 특히 디오클레티아누스 황제^{재위 283-}
305는 로마 제국이 그리스도교인을 박해한 마지막이지만 가장 가혹
한 박해를 가했다.

　로마 제국의 군인은 황제의 명령 아래 제국의 질서와 권력에 복무
하던 인물들이었다. 그러나 이들 가운데 그리스도교 신앙을 받아들
이며 삶의 근본적인 전환을 맞이한 군인들도 있다. 그들은 황제와 국
가가 요구한 이교 신앙을 거부하고, 그리스도에 대한 믿음을 공개적
으로 고백함으로써 제국 권력과 정면으로 충돌하였고, 끝내 순교에
이르렀다.

로마 황제의 친위대장 성 세바스티아노

　프랑스 남부 나르본에서 태어난 성 세바스티아노^{또는 세바스티아누스}는
283년경에 로마 군인으로 입대하고, 황제 디오클레티아누스의 친위

대 대장으로 임명되기까지 했다. 그러나 그리스도교인이었던 그는 황제의 극심한 그리스도교 박해에도 많은 병사를 개종시켰고, 감옥에서 옥살이하는 신자들을 격려하고 도와주었으며, 수많은 이교도 신상을 파괴하기도 하였다. 이러한 세바스티아노의 활동을 전해들은 황제는 분노하여 그에게 "나는 너에게 총애를 베풀었고 너는 내 궁정에서 살았다. 그런데 네가 황제와 로마 신들의 적이란 말인가?" 하고 묻자, 세바스티아노는 "나는 항상 당신의 구원과 이 왕국의 개종을 위하여 예수님께 기도하였습니다. 그리고 나는 항상 천상의 하느님을 흠숭해 왔습니다"라고

비센테 마시프, 성 세바스티아노, 1540-1545년경, 발렌시아 미술관, 스페인

응답하였다. 격노한 황제는 그를 궁수들에게 넘겼고, 광야로 끌고 가 말뚝에 매달아 화살을 쏘아 죽이라는 명령을 내렸다. 세바스티아노가 어찌나 많은 화살을 맞았는지, 13세기 야코부스 데 보라지네의 그리스도교 전설집인 『황금전설』에서는 순교 당하는 그의 모습을 고슴도치처럼 화살이 박혔다고 묘사하고 있다. 화살이 온몸을 관통한 채 버려졌으나, 아직 숨이 붙어 있는 세바스티아노를 데려간 성녀 이레네의 극진한 치료로 살아나게 되었다. 기력을 회복한 세바스티아노는 잔인하게 신앙을 박해하는 황제와 맞서며 하느님 말씀을 전했다. 그러나 이번에도 황제는 그를 몽둥이로 때려서 죽일 것을 명령하였고, 결국 목숨을 잃었다. 하수구에 던져졌던 세바스티아노의 시신은 로마에 사는 루치나 부인에 의해 로마 아피아^Appia 가도에 있는 지하묘지^카타콤바에 매장되었다.

세바스티아노 성인의 모습은 종종 화살을 들고 있거나 온몸에 화살이 관통하는 처참한 모습을 묘사하기도 했다. 스페인의 르네상스 화가 비센테 마시프^1475-1545는 당시 르네상스 미술이 추구하던 고대 헬레니즘의 아름답고 완전한 신체를 그의 자태를 통해 드러내고 있다. 그러나 신체의 S자 윤곽선과 건장한 육체미를 명확히 보이지만, 그의 얼굴은 매우 부드럽고 온화한 모습이다. 몸에 화살을 맞아 피를 흘리면서도 육체적 고통이나 죽음의 두려움보다 오히려 하느님의 부르심을 감내하는 표정이다. 하늘을 향한 그의 시선은 하느님 나라의 전령인 바로 옆 천사와 마주한다. 천사는 한 손에는 순교의 상징인 종려나무 가지를, 다른 한 손에는 금장식의 관^冠을 들고 있다. 화살이 몸을 찌르고 몽둥이질을 당해도 오롯이 하느님 나라를 갈구한 세바스티아노가 순교의 영광스런 월계관을 안게 된 것을 의미한다.

그리스도교로 개종한 로마 장군 성 에우스타키오

성 에우스타키오^{2세기}의 본래 이름은 플라키두스였고, 그는 트라야누스 황제 시대의 로마의 장군으로 로마의 신을 믿는 명예로운 로마 시민이었다. 이교도였던 그가 그리스도교로 개종하며 에우스타키오로 이름을 바꾸었고, 후에 그리스도를 따르다 순교한다.

에우스타키오에 관한 일생은 13세기 쓰인 성인전『황금전설』에서 자세히 언급하고 있다. 그는 평소 정직하고 자비를 베푸는 일을 쉬지 않았고, 그의 부인도 궁핍한 사람들을 지속해서 돌보았다. 또한 두 아들에게도 그들의 격에 맞는 훈련을 받도록 교육했다.

어느 날, 에우스타키오는 숲에서 사냥하던 중 우연히 사슴떼를 만났다. 그중 수사슴 한 마리가 유난히 크고 아름다웠기에 나머지 사슴들은 병사들에게 쫓게 하고 그는 그 수사슴을 추격하여 가까이 갔다. 그런데 그 수사슴의 뿔 사이로 거룩한 십자가 같은 것이 보였는데 해보다 더 밝게 빛나고 있었다. 그리고 십자가에는 예수 그리스도의 모습이 있었다. 사슴은 "플라키두스야^{에우스타키오}, 왜 나를 추격하느냐? 너를 위해 이 짐승의 모습으로 내가 너에게 나타났느니라. 나는 네가 알지는 못하지만 이미 네가 존경하고 있는 그리스도"라고 말했다. 이에 에우스타키오는 아내와 두 아들과 함께 그리스도교로 개종할 것을 결심하고 그날 밤 로마 주교를 찾아가 세례를 받았다.

피사넬로, 성 에우스타키오의 환시, 1435–1440년경, 런던 내셔널 갤러리

에우스타키오는 황소 형상의 불타는 청동 화덕 속에서 처형당했기 때문에 그의 순교 장면은 많은 화가의 영감을 자극했다. 하지만 개종하게 된 일화인 숲에서 그와 수사슴이 처음 만나는 장면이 더 자주 등장한다. 에우스타키오 성인은 로마 군인이었기에 군인 복장이나 기사 복장을 하고 말 위에 탄 모습으로 재현된다.

이탈리아 화가이자 조각가인 피사넬로[1395년경–1455]는 깊은 숲에서 만난 수사슴이 에우스타키오에게 이야기하는 장면을 중세 미술의 환상과 자연 묘사를 혼합하여 신비적인 화풍으로 그렸다. 화가는 화면 전체에 넓게 퍼져있는 동식물들을 섬세한 관찰과 세밀한 묘사로 독창적으로 나타냈다. 말을 탄 에우스타키오는 예기치 못한 수사슴의 모습에 놀라 오른손을 들어 뒤로 물러서는 것처럼 보인다. 오른쪽에 커다란 뿔 사이에 십자고상이 있는 수사슴은 그에게 말을 하고 있다. 사슴뿔에 달린 십자고상을 통해 그는 회개한 후 개종까지 한다. 수사슴은 에우스타키오를 처음 만난 이후 다시 나타나 새롭게 개종한 그의 앞날에 많은 모험과 시련을 보여주었다.

수사슴의 말처럼 개종 이후 에우스타키오와 그의 가족은 모진 시련을 겪었다. 무서운 전염병으로 그의 집안을 돌보던 시종들은 모두 죽었고, 말과 가축들도 떼죽음을 당했다. 전 재산을 잃은 에우스타키오이지만 하느님께 감사를 드리고 가족이 배를 타고 로마를 떠났다. 배에 올랐지만, 그의 아내를 탐한 선장의 요구로 아내만을 남겨둔 채 두 아들과 강가에 남겨졌다. 두 아들마저 홍수로 불어난 물로 헤어지게 되었다. 이렇게 가족은 뿔뿔이 흩어졌으나 마침내 서로를 찾았고, 그들은 로마로 돌아왔다. 돌아온 그들이 로마의 신들에게 제사 지내기를 거부하자, 에우스타키오의 가족은 경기장의 사나운 사자에게 먹이로 던져졌다. 사자가 이들에게 머리를 숙이며 순순히 물러가자, 그의 가족은 황소 모양의 청동 화덕 속에서 처형되었다.

용감한 군인 성 플로리아노

8세기경부터 내려오는 성 플로리아노[3세기경]에 관한 전설에 따르면, 그는 오스트리아 크렘스 근처 만템에 살았던 로마의 군인이었다. 303년 로마 황제 디오클레티아누스의 그리스도교 박해 시절, 로마에서 온 집정관인 아퀼리누스는 독일 로어흐에서 40명의 그리스도인을 체포하였다. 플로리아노는 도망치지 않고 오히려 그 도시로 가서 군인들을 만나 공개적으로 자신의 신앙을 당당하게 고백했다. 이에 당황한 집정관은 그를 즉시 체포한 후, 화형에 처할 것을 명령했다. 플로리아노는 "평생 불과 싸운 내가 이제 불꽃을 타고 하늘에 오르게 되었구나" 하며 태연한 모습이었다. 또한 당시 많은 사람의 존경을 받고 있던 플로리아노를 처형하기를 꺼렸던 집정관은 그에게 이교도 신들에게 제물을 바치게 했으나 헛수고였다. 결국 집정관은 플로리아노에게 온갖 가혹한 고문을 가한 후, 그의 목에 맷돌을 매달아 독일 북서부에 위치한 엠스 강에 던져 익사시키라고 명령했다. 이런 까닭에 플로리아노의 모습은 맷돌과 함께 자주 등장한다. 플로리아노는 익사하여 순교했기 때문에 홍수나 물의 위험으로부터 보호하는 수호성인이기도 하다. 전설에 따르면, 플로리아노의 시신은 발레리아라는 사람이 발견해 묻었는데, 꿈에 플로리아노가 나타나 자신의 시신이 있는 곳을 가리켜 주었다고 한다.

또한 플로리아노 성인의 모습은 불과 함께 묘사되었다. 이탈리아 북부 우디네[Udine] 지역에 속하는 포르니 디 소프라[Forni di Sopra] 마을에 성 플로리아노 성당은 15세기 건물로 작은 종탑과 함께 아주 소박한

안드레아 벨루넬로, 성 플로리아노 제단화, 1480, 포르니 디 소프라, 우디네, 이탈리아

외관을 가진 건축물이다. 성당의 단순한 외부 장식과는 달리 내부는 전체 벽면에는 여러 인물과 다양하고 화려한 색채로 화려하게 장식되어 있다. 플로리아노에게 봉헌된 성당이기에 제단에는 화려하게 금장식으로 치장된 성 플로리아노의 다폭 제단화가 자리하고 있다.

이탈리아 초기 르네상스 화가인 안드레아 벨루넬로[1430-1494]는 고딕양식의 제단화 틀에 플로리아노를 중심으로 여러 명의 인물을 그렸다. 플로리아노를 중심으로 왼쪽과 오른쪽 아래위에는 각각의 성인들이 각자의 상징물과 순교의 상징인 종려나무 가지를 들고 있다. 왼쪽 아래에는 영국 왕의 딸이었던 성녀 우르술라가 로마 순례길을 동반한 열 명의 처녀들과 함께 있고, 오른쪽 아래에는 고문당한 도구인 커다란 못이 박힌 바퀴를 잡은 알렉산드리아의 성녀 카타리나와 아버지가 그녀를 탑에 가두었던 세 개의 창문이 있는 탑 모양의 건축물을 들고 있는 바르바라, 꽃바구니를 들고 있는 성녀 도로테아가 있다. 모두 귀족 출신의 딸로 하느님을 위해 순교한 성녀들이다. 위에는 각각 왼쪽에 주교 성 니콜라오와 수도사 성 안토니오가, 오른쪽에 베네딕토 수도사인 주교 성 볼프강과 성 오스왈도가 그려져 있다. 맨 위에는 부활의 승리를 상징하는 깃발을 든 예수님의 모습과 수태고지 장면이 묘사돼 있다.

중앙 패널에 부활한 예수님과 같은 깃발을 든 플로리아노는 칼을 허리에 차고 우아한 자태로 기사 복장을 한 채 한 손에 불이 난 성을 들고 있다. 군인이었던 그는 군단장까지 이르렀을 때, 군 임무 외에 지원자를 모아 소방대를 창설하고 재난방지에 노력을 기울였다고 전한다. 이러한 그의 소망대로 유럽의 여러 도시에서 이와 유사한 방재 의용대가 생겼다. 따라서 플로리아노는 불의 위험을 막아주는 수호 성인으로 불을 끄기 위한 물이 든 양동이를 들고 있기도 하다.

"힘과 용기를 내어라. 무서워하지도 말고 놀라지도 마라. 네가
어디를 가든지 주 너의 하느님이 너와 함께 있어 주겠다."

_ 여호 1. 9

순교의 용기와
복음적 봉사를 실천한 형제들

이탈리아 북부 롬바르디아 주에 있는 도시 브레시아의 귀족 가문에서 태어난 성 파우스티노[2세기경]와 성 요비타[2세기경] 형제는 로마 황제 하드리아누스의 잔혹한 그리스도교 박해 때 참수형으로 순교했다. 귀족 가문의 두 젊은 형제에 관한 전설은 9세기로 거슬러 올라간다. 이 형제에 대한 공경은 중세 때부터 지금까지 이어지고 있으며, 이탈리아 북부 에밀리아 교구에서 크고 작은 성당에 봉헌될 정도로 특별했다. 성스러운 두 성인의 유해는 브레시아에서 그리스도 신앙의 증거로 많은 사람에게 공경받고 있다.

브레시아의 수호성인 성 파우스티노와 요비타

성 파우스티노와 요비타 형제가 그리스도교를 받아들일 때 브레시아에 거센 박해가 시작되었다. 두 형제는 그리스도교에 대해 열심히 가르치고 설교하였다. 이 때문에 형제는 체포되어 이탈리아의 여러 마을에서 고통스러운 형벌을 겪었다. 그러나 이들은 이 모든 고통

잔도메니코 티에폴로, **브레시아 도시를 방어하는 성 파우스티노와 요비타**, 1754–1755,
프레스코, 성 파우스티노와 요비타 성당, 브레시아, 이탈리아

을 감내하며 그리스도의 신앙을 지켜나갔다. 이미 두 형제가 감옥에
갇히기 전에, 박해를 피해 숨어 지내던 이탈리아 롬바르디아 지방 브
레시아의 주교인 아폴로니오는 예수님께서 열두 제자를 부르시어 더
러운 영들에 대한 권한을 주시고, 둘씩 짝지어 파견하신 것처럼, 두
사람의 믿음을 알고 파우스티노는 사제의 직분을, 요비타는 부제로
각각 명하였다. 이후 얼마 되지 않아 두 형제는 체포되어 오랫동안
옥살이를 하며 맹수나 불에 던져져 혹독한 고통을 받은 것이었다. 그
러나 이들은 하느님의 은총으로 맹수와 화염의 위험과 고통으로부터

가로팔로, **성모자와 함께 있는 성 파우스티노와 요비타**, 16세기경, 목판에 유채,
성 파우스티노 성당, 제단화, 루비에라, 이탈리아

도 무사했다. "두 사람이나 세 사람이라도 내 이름으로 모인 곳에는 나도 함께 있기 때문이다."^{마태 18. 20}

파우스티노와 요비타는 밀라노, 로마, 나폴리 등 여러 도시로 이송되면서 모진 고문을 받았다. 나폴리에 끌려갔을 때, 그곳에서 여러 마을에서 고통을 당하고 손과 발이 묶인 채 바다에 던져졌으나, 천사들의 도움으로 구출되었다. 두 형제의 모습을 지켜보던 많은 사람이 그리스도의 신앙을 따르고, 개종하기도 했다. 순교록에 따르면 두 형제가 개종시킨 사람들이 무수히 많았기 때문에 하드리아누스 황제는 마지막으로 브레시아로 다시 끌려간 두 형제를 참수하도록 직접 명령을 내렸고, 도끼에 찍혀 120년 2월 15일 순교했다고 전한다.

에밀리아 주에 루비에라 도시에 성 파우스티노 성당 제단화에서 이탈리아 르네상스 화가 가로팔로^{1481~1559}는 무릎을 꿇고 있는 두 형제 성인을 그렸다. 왼쪽에는 사제복을 입은 파우스티노의 모습이 있고, 오른쪽에는 부제복을 입은 요비타의 모습이 보인다. 파우스티노는 성모자가 보이는 하늘을 향해 성체성사의 신비를 상징하는 성작을 들어 올리고 있고, 요비타는 왼손에 성스러운 책을 든 채 하늘을 쳐다보고 있다. 각자의 손에는 순교의 상징인 종려나무 가지를 들고 있다. 두 형제는 인간의 구원을 위해 희생제물로 오신 그리스도의 모습처럼, 그리스도의 말씀을 전하며 순교의 피를 흘렸다. 성작 바로 밑에 그리스도의 부활을 상징하는 밑동이만 남은 나무에 돋은 새순과 같이 파우스티노와 요비타는 하늘에서 영광스러운 승리의 화관을 받게 될 것이다.

의술의 수호성인 성 고스마와 다미아노

형제 성인인 파우스티노와 요비타처럼 형제인 성인으로 고스마^{4세기경}와 다미아노^{4세기경}가 있다. 이들은 아라비아의 명문 집안에서 태어난 쌍둥이 형제로, 어머니 밑에서 훌륭한 교육을 받으며 신앙이 두터웠다고 한다. 두 형제는 시리아에서 의학을 공부하고 실리시아 근방에 살면서 가난한 환자들을 무료로 치료해준 의사들이다. 이들은 명의라는 높은 칭송을 받았고, 청렴과 겸손한 자세로 늘 하느님께 기도하며 순종하는 모습으로 환자의 병을 치료하면서 치유의 기적을 보여주었다.

이탈리아 브레시아 지방에서 주로 활동한 알레산드로 본비치노, 일명 모레토^{1498년경-1554}는 스승인 티치아노로부터 베네치아 회화의 화려하고 조화로운 빛을 중심으로 하는 색채주의에 영향을 많이 받았다. 모레토는 브레시아 지방의 고위 성직자인 도나토 사발로의 의뢰로 '그리스도의 희생'을 주제로 마르멘티노 성당 제단화를 부드러운 색채의 인물들과 함께 제작했다. 그림 정중앙 제대 위에 성체가 놓여 있고, 그 위쪽으로 날개 달린 두 천사가 구름 위에 앉아 있는 부활한 그리스도를 베일로 가리고 있다. 그리고 화면 아래는 마르멘티노 성당의 두 성인 고스마와 다미아노가 있다.

제대 위쪽에 커다란 성체가 현시된 성광과 신성한 빛과 불을 상징하는 초와 촛대가 놓여 있다. 그림의 성광은 13세기 초에 만들어진 유형으로 성작의 밑 부분에 성합을 붙인 모양으로 한쪽에 유리문이 달려 있다. 성체를 자세히 들여다보면, 십자가에 매달린 예수님의 모

모레토, 성 고스마와 다미아노와 함께하는 그리스도의 성체, 1540년경, 캔버스에 유채,
261x160cm, 마르멘티노 성당, 브레시아, 이탈리아

습과 양쪽에 성모 마리아와 요한의 모습이 새겨 있다. 예수님은 당신의 죽음과 부활을 기념하고 우리 신앙인들이 항상 예수님과 함께 일치의 삶을 살아가도록 성체성사를 제정하신다. 제대 앞면에 라틴어로 "PANEM ANGELORVM MANDVCAVIT HOMO^{사람은 천사들의 빵을 먹었다}"라고 적혀 있듯이, 천사들이 감싸고 있는 그리스도의 몸을 받아먹는 것이다.

화면 위에는 그리스도가 영광스럽게 부활한 모습이지만 양손에는 당신의 수난 도구였던 십자가와 돌기둥을 들고 있다. 몸을 감싼 붉은 망토는 그리스도의 십자가 위에 희생과 사랑, 부활의 승리를 상징하는 색이다. 우리를 구원하기 위해 그리스도는 수난과 죽음에 복종하셨고, 죽은 이들 가운데에서 다시 살아나시어 죽음을 영원히 물리치신 것이다. 이러한 그리스도^{몸과 피}의 모습이 제대 중앙에 거룩한 그릇인 성광 속에 성체로 현시되고 있다.

현시된 성체 안에 현존하는 그리스도 앞에서 두 성인, 고스마와 다미아노는 바닥에 무릎을 꿇고 기도와 묵상을 바친다. 오른쪽에 다미아노는 순교의 상징인 종려나무가지를 들고 있고, 왼쪽에 고스마는 우리를 바라보며 오른손으로 그리스도를 가리킨다. 두 사람의 무릎 위에는 의료도구가 놓여 있다.

고스마와 다미아노는 환자의 육체를 치료하는 것도 중요했지만, 환자의 영혼을 치료하는 것도 소중히 생각했기에 기도의 힘으로 중병을 완치하는 기적이 가끔 일어났다고 한다. 또한 두 형제는 의술을 통해 아픈 이들을 치료해주며 하느님의 말씀과 은총을 알리며 개종하도록 설득하기도 했다.

쌍둥이 형제의 자선과 친절에 대한 평판은 치료받은 사람들뿐만 아니라 일반 사람들에게까지 널리 알려졌다. 하지만 『황금전설』에 따르면, 성령의 은총을 받았다는 고스마와 다미아노의 특별한 치료술에 관한 소문이 돌았고, 악명 높은 그리스도교 박해자였던 디오클레지아누스 황제가 통치하던 4세기 초였기에 두 형제는 즉시 체포되었다. 지방 총독 앞에 끌려간 두 형제는 우상 숭배를 하도록 갖은 형벌을 받으며 배교를 강요당했다. 그러나 어떠한 고문도 그들을 괴롭힐 수 없었다. 쌍둥이 형제에게 던진 돌은 비껴가서 던진 사람에게 되돌아갔으며 화살을 쏘아도 되돌아갔다. 물에 빠뜨려 죽이려 했으나 물결은 그들을 안전한 물가로 데려다 놓았으며, 고문 틀은 부서져 버렸다. 결국 총독은 쌍둥이 형제에게 사형선고를 내렸고, 그들은 참수되어 순교했다. 순교한 뒤에도 쌍둥이 형제의 전구로 인한 치유의 기적이 많이 일어났다고 한다.

도미니코회 수사인 프라 안젤리코[1395경-1455]의 작품에서처럼, 고스마와 다미아노는 순교 후에도 그들의 의료 활동이 멈추지 않았음을 보여주고 있다. 6세기에 교황 펠릭스 4세는 로마에 두 성인을 위해 대성당을 건립하였는데, 그곳을 관리하며 미사를 도왔던 부제 유스티니아노는 치료 시기를 놓쳐 한쪽 다리가 괴저병에 걸리고 말았다. 많은 사람이 그가 죽을 것이라 여기며 치료를 포기했으나, 어느 날 밤 쌍둥이 형제가 내려와 그의 다리를 치료해 준다. 침상에 누워 잠을 자는 유스티니아노는 이들 형제에게 수술받고 있다. 화가는 오

프라 안젤리코, 유스티니아노를 치유하는 성 고스마와 다미아노, 1438-1440, 목판에 템페라,
37x45cm, 산 마르코 미술관, 피렌체

른쪽 성인의 무릎을 꿇은 아랫부분을 투명하게 처리하여 이들이 환
영이라는 것을 나타내고 있다.

『황금전설』에서 고스마와 다미아노는 부제 유스티니아노가 기도
를 하기도 전에 그를 찾아와 치료했다고 전한다. 쌍둥이임을 알 수
있듯이 화가는 두 사람의 복장을 같게 묘사했는데, 이들이 입고 있는
빨간색 가운과 모자는 의사를 상징하는 복장이다. 그림에서 특이한

것은 쌍둥이 형제가 이식하고 있는 유스티니아노의 오른쪽 다리 색상이다. 쌍둥이 형제는 괴저병에 걸린 다리를 잘라내고 다른 다리로 이식하는 매우 어려운 수술을 하는 중이다. 그런데 이들이 이식에 사용한 다리는 전날 죽은 아프리카 노인의 다리였다고 한다. 그래서 부제의 한쪽 다리는 희고 다른 한쪽 다리는 검은 다리를 갖게 되었다고 한다. 이렇게 성 고스마와 다미아노는 의학 사상 이식 수술로 여겨지는 기적을 행하여 의사와 약사의 수호성인으로 존경받고 있다. 이들은 한 손에는 약상자를 들고, 다른 한 손에는 의료도구를 들고 그림에 주로 등장하기도 한다. 그림에서도 유스티니아노의 머리맡에는 이들의 의술과 관련된 상징물인 유리 약병이 놓여 있다.

"이제 내가 이 도성에 건강과 치유를 가져다주겠다. 내가 그들을 치료하고 그들에게 넘치는 평화와 안정을 보여 주겠다."

_ 예레 33, 6

그리스도께
신비의 빛과 반지를 받은
영적 신부들

알렉산드리아의 성녀 카타리나

알렉산드리아의 성녀 카타리나[4세기경]는 10세기경부터 동방 교회에서 높이 공경해오던 성인 중의 한 명이다. 그러나 그녀에 관한 분명한 자료보다는 전설적인 이야기에 의존하고 있다. 『황금전설』에 따르면, 카타리나는 알렉산드리아의 그리스도인으로 왕실 가문에서 태어났다고 한다. 미모가 빼어났던 그녀는 높은 교육을 받았으며 지식을 쌓는 데 매우 열성적이었다. 그러나 소녀 시절 카타리나는 하느님께 자신의 삶을 봉헌하기로 마음을 다졌고, 예수님과 결혼한 것이나 다름없이 평생을 순결한 여인으로 살기를 다짐했다. 그러나 카타리나는 당시 그리스도인들을 박해하던 악명 높은 로마제국 막센티우스 황제와 대항하게 되었다. 황제는 젊고 아름다운 교양 있는 그녀에게 청혼하고 이교도의 신을 섬기라고 강요했다. 하지만 하느님께 자신을 봉헌할 것을 마음먹은 그녀는 황제의 요구를 모두 거절했다. 이에 황제는 위대한 철학자 50여 명을 불러 그녀의 그리스도에 대한 신앙의 마음을 바꾸도록 설득하게 하였다. 그러나 카타리나가 그들의 주장을 반박하여 오히려 이방인 철학자들을 그리스도인으로 개종시켰다. 이 일로 크게 분노한 황제는 개종한 철학자들을 화형에 처했고, 그녀는 굶어 죽도록 감옥에 투옥되었다. 12일 동안 독방에 갇힌 그녀에게 비둘기가 음식을 날라다 주었으며, 그리스도께서 발현하시어 용기를 북돋아 주었다고 한다. 그러자 황제는 큰 못을 박은 바퀴로 그녀를 고문하고 사형시키고자 했지만, 전혀 상처를 입지 않았다. 오히려 구경꾼 여러 명이 그 바퀴에서 튕겨 나온 못 때문에 죽었다고 한다. 카타리나의 굳은 신앙과 인내심은 수많은 군인을 경악케 하고, 그중에서 2백여 명이 개종하였다. 결국 카타리나는 참수형에 처했는데, 이때 참수된 목에서 피가 아닌 우유가 흘러나왔다고 한다. 그녀의 시신은 시나이 산으로 옮겨졌고 그곳에 정교회 수도원이 세워졌으며, 지금도 이 수도원은 성녀 카타리나 수도원으로 유명하다.

성녀 카타리나는 작품 속에서 주로 머리에 왕족임을 나타내는 왕관을 쓰고 한 손에는 승리 또는 순교를 상징하는 종려나무 잎을 들고 있다. 무엇보다도 카타리나의 가장 전형적인 모습을 보여주는 것은 그녀에게 가해질 고문 도구인 못 박힌 바퀴나 목을 벴던 칼이다. 그리고 책과 다른 기술 도구들은 카타리나의 지혜와 교육을 의미하는 것으로, 그녀는 지혜와 교육의 수호성인이 되었다. 또한 카타리나는 예수님의 영적 아내로, 세례 후 그녀의 꿈에 그리스도께서 찾아와 그녀의 손가락에 반지를 끼워주었다는 내용에 기인한 것으로, 성혼을 상징하는 반지를 끼고 나타나기도 한다. 그녀는 성모 마리아의 무릎

스테파노 다 세비오, **장미정원의 성모 마리아**, 1420–1435년경,
카스텔베키오 박물관, 베로나, 이탈리아

에 앉아 있는 아기 예수와 함께 등장한다.

이탈리아 베로나에서 활동한 스테파노 다 세비오[1379년경-1438년경]는 아름다운 정원에 성모자와 함께 있는 카타리나를 그렸다. 성모 마리아는 옥좌가 아닌 풀밭 위에 앉아 있다. 주님의 여종으로 '겸손한 마리아'의 모습을 취하고 있다. 아기 예수를 무릎에 앉힌 그녀의 시선 역시 다소곳하게 아래로 향하고 있다. 그러나 성모가 앉은 바닥은 하늘의 여왕으로서 풀밭 위의 옥좌를 암시하는 것이며, 그 모습 또한 우아하기 그지없다. 천사들에게 둘러싸인 채 어머니의 무릎에 앉은 아기 예수는 손을 입에 대고 있는 모습이 매우 사랑스럽고, 그의 눈길은 카타리나를 향하고 있다. 빨간 장미와 흰 장미가 달린 덩굴로 에워싼 정원은 금색 천에 수놓아진 것처럼 세밀하게 묘사돼 있다. '마리아의 꽃'이라 불리는 이 장미의 붉은 색은 사랑과 고통을 상징하고, 장미의 하얀 색은 순결을 상징한다.

또한 정원에는 불멸과 부활을 상징하는 공작들이 배치돼 있다. '불멸'은 공작의 살은 죽은 후에도 썩지 않는다는 믿음에서 나온 것이며, '부활'은 공작이 매년 가을이 되면 털이 벗겨졌다가 봄이 오면 다시 자란다는 믿음에 기인한 것이다. 그래서 공작은 예수님의 탄생이나 부활 장면에서 주로 등장한다. 그림에서처럼 분리된 정원, 즉 '닫혀진 정원hortus conclusus'은 범접할 수 없는 마리아의 순수함, 또 영원한 동정 마리아를 위한 낙원을 의미한다. 이와 같은 도상학은 로마 제국 시절, 귀족과 왕족의 저택 벽화에 피안의 세계를 암시하는 신비주의적인 정원 풍경화에서 비롯되었다.

파르미자니노, 성녀 카타리나의 신비한 결혼, 1529년경, 런던 내셔널 갤러리

이토록 아름다운 정원의 맨 앞에 화려한 금관에 귀족 차림새를 한 카타리나가 앉아있는 것이다. 그녀의 순교의 상징물인 바퀴가 놓여 있다. 카타리나 역시 하느님께 봉헌된 순결한 여인으로 낙원에서 영원한 삶을 누린다는 해석을 가능케 하는 작품이다.

또 다른 작품에서는 카타리나가 아기 예수에게 반지를 받는 모습이 그려진다. 이탈리아의 매너리즘 화가로 대표하는 파르미자니노¹⁵⁰³⁻¹⁵⁴⁰는 16세기에 가장 위대한 초상화가 중 한 사람으로, 그의 작품 속에서 세련되고 우아한 매너리즘 회화의 특징을 느낄 수 있다. 빛이 가득한 방에 아기 예수는 카타리나에게 반지를 끼워주고 있다. 성모 마리아는 우아한 자태로 의자에 앉아 자신의 무릎에 앉은 아기 예수와 눈을 맞추고 있다. 오른쪽에 화려하고 세련된 옷을 입은 카타리나는 우아하게 머리를 올리고 한껏 보석으로 장식하고 아기 예수에게 성스러운 혼인을 상징하는 반지를 받고 있다. 카타리나의 다른 한 손은 그녀의 고문당한 도구인 커다란 못이 박힌 바퀴 위에 놓여 있다. 맨 앞에 요셉은 이 사건의 증거자처럼 지켜보고 있다.

"누구든지 내 뒤를 따라오려면, 자신을 버리고 제 십자가를 지고 나를 따라야 한다."_ 마태 16, 24

시에나의 성녀 카타리나

아시시의 성 프란치스코와 함께 이탈리아의 수호성인 시에나의 성녀 카타리나[1347-1380]는 1347년 이탈리아 시에나의 부유한 가죽 염색업자의 스물다섯의 자녀 중에 막내딸로 태어났다. 그녀 역시 어린 나이에 그리스도를 위해 동정녀가 될 것을 결심했다. 그 까닭은 그녀가 6세 때 한 도미니코 수도회 교회에서 성인들과 함께 있는 옥좌에 앉은 예수님으로부터 축성을 받는 신비한 체험을 하였기 때문이다. 그녀는 부모님의 반대에도 불구하고 18세에 도미니코 제3회에 가입했다. 공동체 생활을 하지 않고 가정에서 지내며 복음을 실천하는 수도회였기에 집에서 최소한의 대화를 나누며, 기도와 단식하며 지냈다. 이때부터 카타리나는 그리스도와 마리아, 성인들에 대한 환시와 악마적인 환시도 일어났다고 한다.

기도생활 3년이 지난 후, 1370년에 카타리나는 집에서 나와 병원에서 환자들을 돌보는데 헌신했다. 또한 그녀의 설교는 사람들에게 큰 감동을 안겨주었고, 그녀를 따르는 사람들도 생겨났다. 20세 때 이미 카타리나의 영적 능력은 높은 단계에 이르렀으며, 이 무렵 그녀는 영적 체험으로 그리스도와 신비의 결혼식을 맺었다고 전한다. 이 때문에 화가들은 아기 예수가 성녀 카타리나에게 결혼반지를 끼워주는 장면을 많이 그렸다.

▶ 프라 바르톨로메오, **시에나의 성녀 카타리나의 신비한 결혼식**
1511, 루브르 박물관, 파리

프라 바르톨로메오[1472-1517]는 피렌체 산 마르코 도미니코 수도회 성당의 성녀 카타리나의 제단화를 위해 〈시에나의 성녀 카타리나의 신비로운 결혼식〉 장면을 제작했다. 등장인물들은 천사들이 치켜든 커튼 아래 교회의 벽감 안에 반원형을 그리며 자리하고 있다. 중앙에 성모자를 중심으로 왼쪽부터 베드로, 로렌조, 스테파노, 아시시의 프란체스코, 형제애를 나타내며 서로를 포옹하는 도미니코, 바로톨로메오와 두 명의 순교자가 서 있다. 화가는 기념비적 특징과 엄숙하고

차분한 분위기로 이끌며 등장인물들의 동작을 다양화했다. 아기 예수는 소박한 차림에 무릎을 꿇고 합장한 카타리나에게 반지를 건네주고 있다.

성녀 카타리나의 '그리스도와 신비의 결혼식' 만큼이나 자주 그려진 주제는 그녀의 황홀경에 빠진 장면이다. 이탈리아 화가 폼페오 바토니[1708 - 1787]가 그린 황홀경에 빠진 시에나의 성녀 카타리나는 베르니니가 아빌라의 성녀 데레사의 황홀경 장면을 제작한 것처럼 로마 바로크 미술의 성인 도상圖像에서 영향을 받았다.

폼페오 바토니, **시에나의 카타리나의 황홀경**, 1743, 빌라 구이니지 박물관, 루카, 이탈리아

1375년에 카타리나가 피사의 성녀 카타리나 성당에서 기도하던 중 오상 성흔을 받았다. 도미니코 수도복을 입은 그녀는 두 팔을 벌려 십자가에 매달린 예수님으로부터 오상을 받고 있다. 예수님의 상처로부터 쏟아지는 빛줄기는 그녀의 손과 가슴, 발에 각각 이어진다. 그녀의

양손에는 작은 성흔이 새겨있다. 거룩한 빛에 혼자 몸을 가눌 수 없었고, 하늘에서 두 명의 천사는 그녀를 지탱하고 있다. 그녀 아래 작은 아기천사는 시에나의 젊은 여인의 순결함을 상징하는 백합을 들고 있다. 왼쪽에 서 있는 천사는 손에 가시관을 들은 채 우리를 카타리나의 드라마틱한 순간으로 초대하고 있다. 가시관은 그녀의 것으로, 그리스도의 삶을 온전히 따르는 성녀 카타리나를 의미한다.

카타리나가 오상을 받았을 때, 예수님께서 그녀에게 "나는 네게 지식과 웅변의 은혜를 줄 것이니, 여러 나라를 다니며 위정자와 지도자들에게 내 소망을 전하라"고 말씀하셨다. 그 후 그녀는 당시 치열했던 교회의 분열을 종식하는 데 기여했다. 유럽 각지를 돌아다니며 각국 군주와 고위 성직자들을 방문하며 대립과 갈등 상황을 조율하여 평화를 유지하도록 요청했다. 그리고 교황 그레고리오 9세를 설득하여 아비뇽 유수에서 벗어나 로마로 돌아오도록 했으며, 교회의 쇄신을 위해 노력했다.

"당신께서 제 안에 창조하신 외적이고 내적인 아름다움을 깨달을 수 있게 허락하소서. 저로 하여금 당신의 모상 안에서 쉬고 당신의 모상으로 살기 위하여, 나의 지친 마음과 영혼을 부드럽게 하시며 그리스도 안에서 제가 살게 하소서."

_ 시에나의 성녀 카타리나의 기도 중에서

마리아 막달레나 · 이집트의 마리아 · 마르가리타

참회와 회개로
하느님 사랑을 증언한 여인들

성인전에는 많은 성인에 대한 역사적 사실이나 정보, 일화, 사건들이 기록되어 있다. 성인들은 각기 다른 방식으로 그리스도를 따르는 길을 선택하고 모든 것을 주님의 이끄심에 따랐다. 마리아 막달레나를 비롯해 코르토나의 마르가리타, 이집트의 마리아는 자신들의 죄를 참회한 후 오롯이 그리스도만을 섬기며 통회하는 삶을 살았다. 이들은 죄지은 자에 대한 하느님의 끝없는 용서와 사랑을 나타내는 통회자의 본보기 되었다. "하늘에서는, 회개할 필요가 없는 의인 아흔아홉보다 회개하는 죄인 한 사람 때문에 더 기뻐할 것이다."루카 15, 7

성녀 마리아 막달레나

성녀 마리아 막달레나1세기경란 이름은 갈릴래아 호수의 서쪽에 위치한 어촌 마을 이름인 '막달라'Magdala에서 온 것이다. 성경에서 마리아 막달레나는 자신의 몸에 들어온 일곱 마귀 때문에 시달리다 예수님 도움으로 마귀를 내쫓을 수 있었으며루카 8, 2, 예수님께서 십자가에

① 엘 그레코, **회개하는 성녀 마리아 막달레나**,
　16세기, 부다페스트 미술관
② 안토니오 브레시아니, **회개하는 성녀 마르가리타**,
　18세기, 소장처 미상
③ 리베라, **이집트의 성 마리아**,
　1651, 가에타노 필란제리 박물관, 나폴리

못 박혔을 때, 그 아래에서 성모 마리아와 함께 있었다.^{마태 27. 56} 그리고 안식일 다음 날 이른 새벽에 향료를 바르기 위해 몇몇 여인과 함께 예수님의 무덤으로 찾아왔다가 텅 빈 무덤을 발견한다.^{루카 23. 3} 마리아 막달레나는 요안나와 야고보의 어머니 마리아와 함께 부활한 예수님을 만난 것을 제자들에게 전한다.^{루카 24, 10} 이러한 마리아 막달레나의 역할로 인해 성 토마스 아퀴나스는 그녀를 '사도들을 위한 사도^{Apostolorum Apostola}'라고 불렀다. 그리고 2016년 6월 3일 로마 교황청의 심의회인 경신성사성은 예수님 부활의 첫 목격자인 마리아 막달레나의 의무 기념일을 축일로 승격하는 교령을 발표하기도 했다.

또한 마리아 막달레나는 교황 대 그레고리우스 1세^{7세기경} 이후에는 성경의 인물 중 베타니아의 마르타의 동생인 마리아와 바리사이파 사람 시몬의 집에서 예수님의 발에 입을 맞추고 향유를 붓고 머리카락으로 닦으며 죄를 회개한 여자를 마리아 막달레나와 동일한 인물로 보기도 했다. 이런 까닭에 화가들은 그녀를 주제로 많이 그렸으며, 그녀는 속죄하고 회개하는 자, 죄지은 자를 불쌍히 여기는 예수님의 끝없는 용서와 사랑에 대한 본보기였다.

17세기 바로크 시대의 프랑스 화가 조르주 드 라 투르^{1593~1652}는 독실한 가톨릭 신자로 종교화를 많이 그렸다. 살아생전에 큰 성공을 맛보았던 라 투르는 오랫동안 사람들에게서 잊혀졌으나, 그의 작품은 20세기 초에 재발견 되었다. 〈촛불 앞에 마리아 막달레나〉처럼 그림에서 일부가 가려진 촛불의 빛만이 유일하게 비치는 가운데, 책상 앞에 앉은 마리아 막달레나는 깊은 명상에 잠겨 있다. 강한 빛과 짙은 어둠의 극명한 대비는 시간과 속세를 초월한 공간으로 그녀를 진실한 참회의 순간으로 이끌고 있다. 머리를 길게 늘어뜨린 마리아 막달레나는 은수자와 죽음의 상징인 해골을 무릎 위에 올려놓은 채 촛불을 바라보고 있다. 그녀의 긴 머리카락은 예수님의 발치에 서서 참회의 눈물로 그분의 발을 적시고 그녀는 자신의 금발 머리카락으로 예수님의 발을 닦은 이야기와 연계된다. 촛불은 순간 타오르고 마는 속성으로 삶의 유한함을 의미한다. 촛불은 빛으로 오신 예수님, 인류 구원을 위해 스스로 십자가를 지고, 못 박히신 예수님의 모습이기도 하다. 예수님의 모습은 스스로 자신을

조르주 드 라 투르, **촛불 앞의 마리아 막달레나**, 1640년경, 루브르 박물관, 파리

태워 세상을 밝히는 촛불과도 같은 분이다. 그녀는 인간 욕망의 덧없음과 세속적 삶의 덧없음을 깊이 새기며 촛불을 응시하고 있다. 그녀는 내면 깊숙한 묵상으로 세상의 빛인 예수님과 일치를 이루고 있다.

예수님에 대한 마리아 막달레나의 깊은 신앙은 후대에 귀감이 되게 된다. 중세의 『황금전설』 기록에 따르면, 그녀는 자신의 죄를 참회한 후, 한 마을로 들어가 30년 동안 홀로 집안에서만 살게 되는데, 그 기간 매일 천사들에게 이끌려 하늘로 올라 천상의 음식을 먹으며, 천사들의 송가를 들었다고 한다.

이집트의 성녀 마리아

이집트의 마리아4세기 중엽-5세기 초, Mary는 성 마리아 막달레나와 코르토나의 성 마르가리타와 함께 속죄하고 회개하는 자, 죄지은 자에 대한 하느님의 끝없는 용서와 사랑을 나타내는 통회자의 본보기 중의 한 사람이다.

이집트 출생의 마리아는 12세까지 그리스도교 교육을 받다가 집을 나와 긴 세월 매춘부 생활을 했다. 알렉산드리아 살던 마리아는 서른 살이 될 무렵, 성 십자가 현양 축일 행사를 위해 예루살렘으로 가는 순례단과 동행하게 되었다. 마리아는 다른 사람들과 함께 장엄한 의식에 참석하기 위해 대성전 안으로 들어가려 했으나, 그녀만 무엇인가의 힘으로 성전 안으로 발을 옮기지 못했다. 그 순간 마리아는 지금까지 느껴보지 못했던 강한 통회의 감정이 가슴에서 솟아올랐다. 성전 앞뜰 성모상 앞에서 더럽혀진 자신의 몸과 마음에 대한 죄의 용서를 청했다. 그 후 그녀는 대성전 안으로 들어갈 수 있었으며, 감실 앞에 무릎 꿇고 회개하는 순간 "요르단 강 건너 저 광야에 가서 고행하며 보속하라"라는 소리를 들었다. 마리아는 인간 욕망의 덧없음과 세속적 삶의 덧없음을 깊이 새기고, 광야에서 47년 동안 세속적인 욕망을 버리고 참회의 길을 걸었다.

화가들은 이집트의 성녀 마리아를 속죄와 통회자로 예수님과의 일치를 나타내기 위한 모습으로 나타낸다. 그녀는 사막이나 동굴 근처에 있거나 긴 머리카락으로 덮인 모습으로 묘사되며, 속죄의 삶을 결심하고 세 개의 빵만을 들고 간 모습으로도 표현된다. 또한 천사나 수도원장 성 조시무스에게 성체를 모시거나 그가 사자와 함께 그녀의 시신을 파묻는 장면이 그려진다. 이는 그녀의 마지막 영성체와 죽음과 관련된 이야기에서 출현한 것이다.

이집트의 마리아는 사막에 온 수도원장인 성 조시무스에게 고해성사를 요청하여 성체를 모시기를 원했다. 조시무스는 그녀의 부탁을 받아들이고 성 목요일에 요르단강 근처에서 영성체를 베풀었다. 이로써 그녀는 오랜 고행 끝에 하느님과 일치를 이루며 큰 기쁨을 느끼게 되었다.

이탈리아 바로크 화가 마르칸토니오 프란체스키니[1648-1729]는 이집트의 마리아가 조시무스에게 성체를 받아 모시는 순간을 고전주의적 바로크 양식으로 그렸으며, 천사들이 그녀를 보좌하고 하늘에서

마르칸토니오 프란체스키니, **이집트의 성녀 마리아의 마지막 영성체**, 1709년경, 개인소장

테오도르 샤세리오, **땅에 묻는 이집트의 성 마리아(일부)**, 1842, 프레스코, 성 마리아 성당, 파리

빛이 비치는 모습을 표현하고 있다. 화가는 그녀의 참회와 신앙을 그녀의 나이 든 얼굴과 표정, 두 팔을 가슴에 얹은 믿음의 자세로 강조하고 있다.

다음 해 같은 장소에서 조시무스가 찾아갔을 때 마리아의 시신을 발견했다. 조시무스는 그녀가 성체를 받아 모시고 광야로 돌아가자마자 곧 하느님의 품으로 올라갔다는 것을 알았다. 『황금전설』에 따르면, 마리아의 머리맡 모래 위에는 자신의 시신을 묻어 먼지 같은 몸을 흙으로 돌려보내달라고 적어놓았다고 한다. 조시무스는 그녀의 요청대로 시신을 묻기 위해 무덤을 파고자 애썼으나 땅을 팔 수 없었다. 이때 그에게 얌전히 다가오는 사자에게 거룩한 시신을 잘 장사 지낼 수 있도록 도움을 청하니, 사자가 땅을 파기 시작하여 알맞은 무덤을 마련해 주었다.

코르토나의 성녀 마르가리타

이탈리아 바로크 화가 조반니 란프란코[1582-1647]는 코르토나의 성녀 마르가리타[1274경-1297]가 기도하던 중 황홀경에 빠진 모습을 그렸다. 화가 란프란코의 걸작으로 손꼽히는 이 작품에는 자유로운 색채, 인물의 역동적 자세, 과장된 원근법 등을 통해 환상주의적 요소를 나타내고 있다. 작품 〈황홀경에 빠진 코르토나의 성녀 마르가리타〉에서 화가는 마르가리타의 모습과 그리스도의 모습을 대칭적 구도 안에서 역동적 요소를 강하게 드러내고 있다.

이탈리아 중부 토스카나의 라비아노 출신인 마르가리타는 7세 때 어머니를 여의고, 어머니의 사망 후 새어머니에게 온갖 학대를 받으며 자랐다. 이를 이기지 못한 그녀는 무기력한 아버지와 자신을 구박하는 새어머니에게서 벗어나고자 결심했다. 그녀는 17세에 집을 떠나 몬테풀치아노에서 온 귀족 청년을 만나 사랑에 빠졌다. 일찍부터 아름다운 미모로 사람들 눈에 띈 마르가리타였기에 귀족 청년도 그녀에게 이끌리게 되었다. 그 후 두 사람은 9년 동안 함께 살며 아들을 낳았지만 결혼하지 않았기에 사람들로부터 사회적 편견을 받았다.

어느 날 마르가리타는 개 한 마리가 자기 옷을 잡아당겨 이끌려간

곳에서 자기 연인이었던 귀족 청년이 알 수 없는 이유로 처참하게 살해된 시체를 보게 되었다. 절망과 충격에 빠진 그녀는 처음으로 현세의 허무함을 깨닫게 되었다. 이후 마르가리타는 다시 고향을 찾았으나, 아버지와 새어머니는 그녀를 받아주지 않았다. 그 후 그녀는 코르토나 지역 프란치스코 수도원에 머물며 속죄의 삶을 결심했으며, 몇 년 후 재속 프란치스코회에 입회하여 가난한 병자를 돌보며, 엄격한 보속 생활을 했다.

그림 속에 마르가리타는 프란치스코회 수도복을 입은 아름다운 여인으로 묘사되어 있다. 그녀는 자신의 지나온 삶을 반성하며 회개 생활을 시작한 것이었다. 미술에서 코르토나의 마가리타 성녀는 프란치스코 수도회의 재속 회원이었기에 프란치스코 수녀회의 수녀복 차림으로 주로 나타난다. 그러나 마르가리타는 종종 화려하고 우아한 옷차림의 모습으로도 묘사되는데, 그녀가 귀족청년과 풍족하고 방탕한 생활을 보냈음을 나타낸 것이다. 따라서 수도복은 마르가리타의 지난날 화려한 세속의 삶을 버리고 오롯이 그리스도만을 섬기며 통회하는 그녀의 삶을 의미한다. 한편, 그림 왼쪽의 개 한 마리는 또 다른 마가리타의 상징으로 그녀가 개에 이끌려 숲으로 가 연인의 주검을 발견했기 때문이다. 때로는 안토니오 브레시아니[1720~1817]의 작품처럼 그녀의 상징은 참회의 은수자의 해골과 십자가로 그려진다.

마르가리타의 통회의 눈물과 진실한 기도는 그녀에게 그리스도의

조반니 란프란코, **황홀경에 빠진 코르토나의 성녀 마르가리타**, 1622,
피티궁전, 팔라티나 미술관, 피렌체

목소리로 종종 다가왔다. "나의 딸아"라는 그리스도의 형언할 수 없는 부드러운 음성을 들은 그녀는 기쁨으로 황홀경에 빠지게 되었다. 하늘에는 천사의 보좌를 받으며 구름에 앉은 그리스도가 두 팔을 벌려 그녀를 감싸주려는 듯 내려오고 있다. 그리스도의 가슴과 양손과 발에는 십자가에 못 박혔던 자국이 선명하게 드러나고 있다. 그리스도와 그녀의 동작은 역동적이지만 환상적인 시각적 요소로 화가의 회화적 특징을 잘 나타내고 있다. 화가는 그리스도와 마르가리타의 위치를 정확한 대각선 구도 안에 배치하여 서로의 눈을 마주하며 교감하고 있는 순간을 보여주고 있다. 마르가리타의 고행과 보속의 노력은 그리스도께서 그녀를 따뜻이 안아 주시고, 그녀에게 다른 사람의 마음을 보는 은총을 주셨다. 1297년 숨을 거둔 그녀의 무덤을 찾는 사람들에게 치유의 기적이 많이 일어났다.

"하늘에서는, 회개할 필요가 없는 의인 아흔아홉보다 회개하는 죄인 한 사람 때문에 더 기뻐할 것이다."_루카 15, 7

마르코 베네피알, **아르세니오의 시신을 발견하는 마르가리타**, 1729~1732,
산타 마리아 인 아라코렐라, 로마

우아한 옷차림을 한 마르가리타는 개에게 이끌려 숲으로 갔다.
개는 마르가리타의 치맛자락을 물고 있다. 그곳에는 그녀의 연인 아르세니오가
처참하게 죽어있는 모습을 발견한다. 마르가리타는 시신을 바라보며 절망스러워한다.

가난한 사람들의 벗이 된 수호자들

하느님 사랑을 세상 안에서 실천하는 방법은 다양하다. 성 라우렌시오, 성 이보, 로마의 성녀 프란치스카는 모두 가난하고 소외된 이들을 위해 자신의 삶을 내어준 성인이다. 각기 시대와 신분은 다르지만, 교회의 재산을 나누고, 가난한 이를 무료로 변호하며, 병자와 빈민을 돌보는 일에 헌신함으로써 이웃 사랑을 행동으로 실천하였다.

가난한 사람의 수호성인 성 라우렌시오

스페인에서 태어난 성 라우렌시오?‒258는 로마의 일곱 부제 가운데 한 사람으로 258년 발레리아누스 황제의 그리스도교 박해 때 로마에서 순교했다. 라우렌시오는 교황 식스투스 2세 때 교황 곁에서 부제직을 지냈다. 로마 황제의 그리스도교에 대한 치열한 박해 때, 교황 식스투스 2세 교황은 카타콤바에서 미사를 지내던 도중 체포되어 즉각 참수형을 받았다. 그는 교황이 관헌에게 잡혀갈 때 눈물을 흘리며 "아버지시여, 보잘것없는 저를 버리고 어디로 가십니까?

당신은 미사 때에 저에게 복사를 요청하셨습니다. 어디가 맞지 않으셔서 저를 버리고 가십니까?" 하며 울부짖었다. 교황은 이 말을 듣고 그를 위로하며 "내가 너를 버리는 것이 아니다. 너는 남아서 더욱 힘든 투쟁을 해서 승리를 얻을 것이다. 나야 늙었으니 간단한 전쟁으로 끝날 것이지만, 너는 젊으니 더욱 빛나는 승리를 얻어야 한다. 3일 후에 너도 나를 따라올 것이다"라고 말하였다.

라우렌시오의 임무는 교회의 재산 관리, 가난한 이들을 위한 구호품 분배를 비롯하여 교회 내의 잡무를 보살피는 것이었다. 로마의 총독이 그에게 교회의 보물을 황제에게 모두 바치라고 협박하자, 그는 3일의 말미를 달라고 요청한 후, 교회의 값비싼 그릇들과 돈을 가난한 사람들에게 나누어주었다. 그리고 3일 후 무수한 빈민과 과부, 고아와 노인들을 데리고 총독에게 나타나서 "자! 보시오. 이분들이 다 교회의 보물입니다"라고 했다. 격분한 총독은 라우렌시오를 체포하여 온갖 고문으로 괴롭히다가 석쇠 위에 눕히고는 구워 죽이는 형벌에 처했다. 그는 이러한 형벌에서도 눈 하나 깜짝하지 않았으며, 오히려 형리들에게 "자! 한쪽은 다 익었으니 좀 뒤집어 주시오" 하였고, 잠시 후에는 법관을 향해 "이제 다 익었으니 잡수시오"하고 농담을 하며 숨을 거두었다.

이러한 전승을 바탕으로 화가들은 작품 속에서 라우렌시오를 교황 식스투스 2세와 나란히 등장시키거나, 교회의 보물과 돈을 가난한 사람들과 병자들에게 나누어주는 모습으로 나타낸다. 또한 라우렌시오는 활활 타오르는 격자형 석쇠 위에 서 있거나, 옆쪽에 길게 째진 달마티카를 입은 부제로 등장한다.

작가 미상, **성 라우렌시오**, 425–450년경, 모자이크, 갈라 플라치디아의 무덤, 라벤나

이탈리아 동북부 아드리아 해변에 위치한 라벤나는 5세기에 서로마 제국의 마지막 수도가 되고, 이후 6–8세기까지 동東고트족의 이탈리아 왕국과 비잔틴 제국령 이탈리아의 수도가 된다. 라벤나가 로마제국 수도로서의 위용을 뽐낼 수 있게 된 것은 갈라 플라치디아 Galla Placidia라는 여인이 있었기 때문이다. 오노리우스 황제의 누이인 갈라 플라치디아는 그녀의 어린 아들 발렌티니아누스를 대신하여 섭정했다. 이 통치 기간에 전폭적인 문학과 예술의 지지로 이탈리아 예술은 풍요로워졌다. 갈라 플라치디아 무덤이 그 한 예로, 무덤은 라

틴 십자가 형태로, 외관은 수수한 붉은 벽돌집이지만, 내부 전체가 화려한 모자이크로 장식돼 있다.

무덤 입구를 마주하고 있는 팀파눔에는 라우렌시오의 모습이 모자이크로 장식돼 있다. 그의 왼손에는 시편의 성서를 펴들고 있고, 오른손에는 어깨에 커다란 십자가를 지고 있다. 라우렌시오 반대편에는 책장이 있다. 활짝 문이 열린 책장 속에는 두꺼운 네 권의 책이 이름과 놓여 있다. 마태오, 마르코, 루카, 요한의 이름으로 4 복음서를 가리킨다. 중앙에는 격자형 석쇠가 창 아래에서 불길에 달아올라 있다. 라우렌시오가 그곳에서 순교했음을 암시한다. 그리스도의 말씀을 따라 살다가 순교한 라우렌시오 성인의 모습인 것이다.

가난한 사람들의 변호사 성 이보

"가난한 사람들의 변호사"라고 불리며 법률가의 수호성인 성 이보 헬로리[1253-1303]는 프랑스 북부 브르타뉴 지방의 케르마르틴에서 귀족 헬로리 가문의 아들로 태어났다. 이보의 부모님은 신심이 깊었고, 무엇보다 어머니는 아들 이보가 어릴 때부터 "성인이 되라"라고 훈계했는데, 그는 그 교훈을 항상 가슴 깊이 새겼다고 한다.

이보는 파리에서 신학과 철학을 공부했고, 오를레앙의 대학에서 법률을 배웠다. 그는 어머니께서 성인이 되라는 말씀을 항상 마음에 간직하며 어떠한 유혹에도 흔들리지 않고 오로지 신심과 면학에 몰두했다. 휴가 때는 병원을 방문하여 환자들을 간호해 주는 것을 특히 좋아했다고 한다. 사제가 된 이보는 교구의 일을 열심히 하면서도 프랑스의 렌^{Rennes}과 트리기에^{Trguier}의 교회법원과 사회법정에서 판사로 일했다. 그는 언제나 가난한 사람들을 더 배려해주고 따뜻한 마음으로 이들을 구제하는데 온갖 심혈을 기울였다. 또한 법정에서 서로 싸우려는 사람들에게는 소송을 제기하기 전에 될 수 있는 데까지 조정하려 힘썼다. 이보는 원만한 해결을 도모하기 위해 하느님의 은혜를 구하는 기도를 바치고 법정에 나갔다. 정의의 원천이신 하느님의 뜻이 있는 곳을 먼저 생각하고, 심판관이신 예수 그리스도께서 항상 보신다는 것을 잊지 않았다.

가난한 사람들을 특별히 생각했던 이보는 그들이 부탁하는 일체 사건은 모두 무료로 취급했고, 필요한 서류도 수수료를 받지 않고 해주는 것이 보통이었다. 그러므로 과부, 고아, 가난한 이의 변호사라는 별명이 그에게 따랐다. 정의를 위해 활약하고 불의하게 가난한 이들을 학대하는 부호들에게 일대 공포감을 일으키게 했으나, 겸손한 그는 자기 평판이 점점 높아지는 것을 도리어 귀찮게 생각하고 현직을 떠나 작은 성당에서 가난한 이들을 위해 활동했다.

많은 화가는 이보 성인을 가난한 사람과 부자 사이에 앉아 있는 모습으로 자주 그린다. 또한 그는 성직자의 옷보다는 주로 학자의 옷에 판사의 모자를 쓴 모습으로 등장한다. 이탈리아 화가 데펜덴테 페라리¹⁴⁸⁰⁻¹⁵⁴⁰는 토리노의 린고토 가문의 제단화에 이보의 모습을 나타냈다. 아래위로 세 폭으로 구성된 제단화로, 윗단에는 성 가정^{중앙 패널}, 성 미카엘 대천사^{왼쪽 패널}, 시에나의 성녀 카타리나^{오른쪽 패널}가 있고, 아래 단에는 성 이보, 성 그레고리오^{왼쪽 패널}, 성 요한^{오른쪽 패널}이 그려

데펜덴테 페라리, **가난한 사람들의 탄원을 들어주는 성 이보**, 1520,
사바우다 미술관, 토리노, 이탈리아

져 있다. 이보 성인의 이야기는 제단화의 가장 중심부에 있으며, 그가 가난한 사람들의 법률적 문제를 관대하게 해결해주고 있는 장면이다. 판사의 모자를 쓴 그는 가난한 사람, 과부, 고아에게 선행을 베풀고 있다. 왼쪽 뒤에 한 남자는 왼손에 탄원서를 들고 있고 오른손은 그의 모자를 벗어 답례하고 있다. 가난한 사람들의 탄원을 적은 책이 이보 가까이에 놓여 있고, 그는 그들에게 유리한 판결을 내리고 있다. 이런 이유로 그의 상징물은 탄원문이 적힌 두루마리나 책이다. 가끔 이보가 참회의 도구로 채찍을 들고 있는 모습도 볼 수 있다.

일생 수많은 덕행과 공로를 세운 성 이보는 엄격하고 청빈한 삶을 살다가 1303년 5월 19일에 주님 승천 대축일 전야미사 강론을 마친 후에 선종했다.

어려운 사람들의 성인 로마의 성녀 프란치스카

1925년 교황 비오 11세는 성녀 프란치스카^{또는 프란체스카, 1384-1440}가 길을 갈 때마다 그녀의 수호천사들이 언제나 길을 인도하고 밝혀주었고, 그녀를 위험에서 구해주었기에 운전자들의 수호성인으로 선포하였다. 이 때문인지 매년 프란치스카 성녀의 축일인 3월 9일, 로마의 운전자들은 수호성인의 은총을 몸소 체험하려는 마음에 평소보다 많이 자동차를 가지고 나와 교통 체증이 다른 날보다 심하다고 한다.

이탈리아 바로크 화가 구에르치노¹⁵⁹¹⁻¹⁶⁶⁶는 올리베따노 성 베네딕도 수도회의 요청으로 로마의 프란치스카 성녀를 주제로 제단화를 제작했다. 그녀는 로마의 트라스테베레에서 신앙심이 깊은 신자였던 부유한 귀족 부부의 딸로 태어났다. 어려서부터 신심이 깊었던 프란치스카는 하느님께 자신의 일생을 바치고자 했지만, 겨우 12세에 한 귀족 청년과 결혼했다. 여러 아이를 낳았고, 모두 건실하게 교육하고 행복하게 살면서 영적 생활과 더불어 자선사업에 열의를 다했다. 빈민과 병자를 돌보며 위로하고, 가난한 사람들을 간호했다. 흑사병과 기근이 닥쳤을 때, 자신의 재산을 모두 팔아가며 병자나 빈민의 구제에 애썼다. 그러나 그녀는 흑사병으로 두 자녀를 잃었고, 내란으로 재산을 약탈당했고, 군인이었던 남편이 추방되는 쓰라린 시련을 겪었다. 하지만 프란치스카는 모든 것을 하느님의 섭리로 받아들이고 인내하며, 어려운 이웃을 돕는 일을 멈추지 않았다. 거대한 사업을 혼자 힘으로 할 수 없다고 느낀 그녀는 뜻을 같이하는 여성들을 모아 공동체를 형성했다. 이렇게 자선사업을 목적으로 성 베네딕도회 회칙을 따르는 수녀회가 1433년에 창설되었다.

화가는 검은색과 흰색의 성 베네딕도회 수도복을 입은 프란치스카를 묘사함으로 그녀가 베네딕도 수도회의 엄격한 규범을 준수하고 있음을 나타내고 있다. 그녀의 손에 펼쳐 든 책 속에 글은 분명하지 않지만, 구에르치노가 1636년 같은 주제로 그린 그림에서는 시편 73장 23-24절의 말씀이 확실히 나타난다. "당신께서 제 오른손을 붙들어 주셨습니다. 당신의 뜻에 따라 저를 이끄시다가 훗날 저를 영광으로 받아들이시리이다." 이를 통해서 온전히 하느님께 자신을 의탁하고 따르겠다는 프란치스카의 마음을 알 수 있다. 또한 아래 놓인 바

구에르치노, **로마의 성녀 프란치스카와 천사**, 1656, 사바우다 갤러리, 토리노, 이탈리아

구니 안에 가득한 빵은 가난한 사람들에게 음식을 나누어주는 그녀의 자선행위를 나타낸다. 광주리에 빵은 마치 예수님께서 오천 명을 먹이신 기적을 연상시킨다.

프란치스카의 바로 옆에는 수호천사가 두 손을 가슴에 포갠 채 우리를 향해 바라보고 있다. 그녀는 평소 수호천사와 친밀하게 지냈다고 한다. 전하는 이야기에 따르면, 그녀가 아들을 잃은 후 세상을 떠날 때까지 늘 수호천사의 보살핌을 받았다고 한다. 프란치스카가 밤, 낮을 가리지 않고 어려운 이들을 보살피는데, 수호천사는 그림자와 같이 그녀를 잠시도 떠나는 일이 없었고, 어두운 밤에는 등불로 불을 비춰 주었다고 한다.

언제나 하느님을 섬기며 병들고 가난한 사람들과 함께 일생을 살고 싶었던 프란치스카는 남편이 있었기에 처음부터 수녀회의 일원이 되지 못했으나, 1436년 남편이 병으로 세상을 떠난 후, 아들과 손자의 만류에도 불구하고 수도회에 입회했다. 프란치스카는 1440년 병석에 눕게 되었고, 3월 9일 짧은 수녀원 생활을 뒤로한 채 선종했다.

"그가 가난한 이들에게 아낌없이 내주니, 그의 의로움이 영원히 존속하리라." _2코린 9. 9

우순옥, 성녀 소화(小花) 데레사, 2017, 에그 템페라, 개인소장

"제 소명은 바로 사랑입니다. 그렇습니다. 저는 교회의 품 안에서 제 자리를 찾았습니다. 저의 어머니이신 교회의 심장 안에서 저는 '사랑'이 될 것입니다."

_성녀의 《자서전》 중에서

프랑스 리지외의 성녀 데레사[1873~1897]의 자서전에 '작은 흰 꽃의 이야기'라는 부제 때문에 그녀는 하느님의 작은 꽃을 뜻하는 '소화[小花] 데레사'라고 불리기도 했다. 소화 데레사의 자서전에서는 '작은 길'이라는 영성을 강조했다. 그녀는 하느님을 온전히 사랑하며 매일의 삶에서 주어진 임무를 성실히 이행하여 하느님의 뜻을 실천함으로써 작은 길을 통해서도 거룩하게 될 수 있다는 것을 알려줬다. 누군가의 눈에는 뜨이지 않고 보잘것 없는 일인지 모르나 하느님 대전에는 진실한 가치가 있다는 것을 뜻한다.

소화 데레사는 "대성인들께서는 하느님 영광을 나타내기 위해 살았지만 나는 한낱 작은 영혼이므로 다만 하느님께 즐거움을 드리기 위해 일할 뿐입니다. 나는 하느님 손에 드리워진 작은 꽃, 보잘것 없는 장미꽃이 되어 있더라도 그 모습과 향기로 하느님께 어떠한 즐거움이라도 드릴 수 있다면 만족하겠습니다"라고 기도했다. 평범한 일상에서 희생을 실천하며 끊임없이 자신을 봉헌했다.

미술관에서 삶의 길을 찾다
성인전
ⓒ 윤인복

초판1쇄 인쇄 | 2026년 03월 12일
초판1쇄 발행 | 2026년 03월 20일

저 자 윤인복
펴낸이 이동석
펴낸곳 일파소

출판등록 2013년 10월 7일 제2013-000294호
주소 서울특별시 영등포구 영등포로 231-1, 3층 (07250)
전화 02-6437-9114 (대표)
e-mail info@ilpasso.co.kr

ISBN   979-11-94055-05-1